澎湃·第六声 编著

流动的世代

Generations in Mobility

中华书局

图书在版编目（CIP）数据

流动的世代/澎湃·第六声编著. —北京：中华书局，2025.
1. —ISBN 978-7-101-16812-9

Ⅰ. D668-53

中国国家版本馆 CIP 数据核字第 2024Z3V806 号

书　　名	流动的世代	
编　　著	澎湃·第六声	
责任编辑	傅　可	
文字编辑	蔡楚芸	
封面设计	毛　淳	
责任印制	陈丽娜	
出版发行	中华书局	
	（北京市丰台区太平桥西里 38 号　100073）	
	http://www.zhbc.com.cn	
	E-mail：zhbc@zhbc.com.cn	
印　　刷	河北新华第一印刷有限责任公司	
版　　次	2025 年 1 月第 1 版	
	2025 年 1 月第 1 次印刷	
规　　格	开本/880×1230 毫米　1/32	
	印张 8¼　插页 2　字数 150 千字	
印　　数	1-6000 册	
国际书号	ISBN 978-7-101-16812-9	
定　　价	56.00 元	

出版说明

第六声（Sixth Tone）是澎湃新闻于2016年推出的全数字英语新媒体，关注普通中国人的故事，力求让报道更具亲和力和超越国界的穿透力。作为立足互联网传播的新型媒体，第六声致力于成为海外主流人群，特别是以英语为交际语言的年轻世代了解日常中国的重要入口。

2021—2022年，第六声举办英文非虚构写作大赛，以"世代"为主题向全球的写作者征稿，旨在挖掘宏大叙事和热搜头条的背后关于中国日常和普通华人的真实故事，展现生动多样的社会百态，探索中国与世界的万千联结，吸引到来自全球22个国家的近450篇投稿。

大赛邀请到来自国内外文学、学术及媒体界的八位重量级终审评委，包括：美国《纽约客》记者彼得·海斯勒（Peter Hessler，中文名何伟）、人类学家项飙、纪录片导演周轶君、美国哥伦比亚大学教授傅好文（Howard W. French）、英国美食作家扶霞·邓洛普（Fuchsia Dunlop）、《单读》主编吴琦、双语小说及非虚构作家钱佳楠、荷兰莱顿大学学者施云涵（Tabitha Speelman）。

本书收录了项飙、彼得·海斯勒、扶霞·邓洛普和钱佳楠这四位评委关于对大赛主题"世代"和非虚构写作价值的理解的专访文章，并精选了十四篇大赛优秀稿件，希望以此增进不同世代之间的理解，展现当代中国与世界互动的多元面貌。

中华书局编辑部

2024年8月

目录

第一部分

通过生活叙事来沟通代际

讲述者　项飙

采访并文　第六声（薛雍乐　姚佳池　蔡依纹　智煜　谢安然）

（本文根据项飙接受第六声专访的回答整理而成。）

要讲清一个世代的特点，首要的一点就是了解它和其他世代之间的关系。

我出生于1972年，我们这代人和我们的父母辈相比有着截然不同的教育经历。对上一代人来说，他们中的许多人在"文革"期间上山下乡，前往乡村或偏远地区。而当我们这代人在1970年代末上学时，学校体系已经恢复了，我们得以完全投身于学业，不用遭遇中断。

同时，我们这代人中的大多数也免于饥饿。当然，在当时中国的一些地区还存在营养不良的问题，但我们这代人基本上没有经历过比较严重的饥饿。

此外，我们这代人也得到了向上流动

的机会。我们这代人在成年时拥有的机会在我们儿时是难以想象的，很少有人会以此为目标。但当我们在1990年代初从大学毕业时，正巧碰上了经济开放，机遇涌现。在我们这代人中，有些人年轻时就能成为百万甚至亿万富翁。所以我们的生活经历了可以说是戏剧性的物质变化。

我们这一代人对生活的态度大都还是比较简单的，因为童年比较安定，没有挨饿，读书也是免费的。我读研究生还能得到一笔微薄的收入，毕业之后的道路也相对比较顺畅。虽然我没有直接的证据，但从个人观感上来说，我觉得我们对生活、对社会的态度，与我们的父母辈还有后辈相比都相对简单。所以，我们非常需要去了解其他年代的人经历了什么，以及他们对社会是怎么想的。

年轻一代的新可能

我很羡慕年轻一代，特别是"90后"，他们通过互联网看到了一个更广阔的世界。我是在1996年发出了自己的第一封电子邮件——我已经很幸运了，当时在北京大学可以上网。记得当时我还得专门去校外的物理系教学楼，通过门禁，才能用上互联网。

很多人要到20世纪90年代末或21世纪初才有机会上网。

而年轻人呢，他们是"互联网原住民"，世界就在他们的指尖，一点就通。所以他们可能还看不上我的英文水平，因为他们能说得更好。他们得到的信息也更多，比如对艺术的理解就超过了我们这代人在他们这个年龄时的认知。

但是，他们也面临许多物质上的挑战。客观来看，他们的生活水平比我们那个年代要高得多。可他们向上流动的机会却相对少了，心理上承受的压力也更大。

很多人说年轻一代过于依赖家长——确实如此，但那也许是因为我们这代人当年并不需要这种依赖。并不是我们更加独立，而是我们有足够的机会，只要满足一些基本条件，就能独立生活，家长用不着帮忙。而如今，社会竞争太激烈了，年轻人必须倾尽自己的全部资源来领先一步，比如寻求家长和其他社会关系的帮助。

年轻一代也被社交媒体全面包围了。他们常常被情绪所裹挟，有时看起来有点过于敏感。我作为中年人这么说也许有点说教的意味，但在我看来，生活在于实践，在于脚踏实地、动手干活。当然，反省也是必要的，但这需要立足于现实的分析，理性地分析苦难的根源是什么、有没有结构性的原因、如何去解决。

而光靠情绪是不能解决问题的。

所以我希望年轻人可以充分利用自己的资源、知识和技术，更加考虑实际，更勇敢也更坚韧，而不是躲在自己小小的舒适区中不愿被打扰，在世界发生剧烈变化的时候，只想着维持自己的安乐是不可能的。他们需要拥抱变化，需要去理解世界，需要不断学习、争论，并且做出行动。

如何跨越代沟

虽然代际间缺乏交流的现象在许多国家普遍存在，但在中国这种缺失是尤其突出的。其实分析代沟本身也可以有极大的价值。如何理解如今的代沟？代际差异在多大程度上受到社会变化的影响？社会哪个层面的变动带来的影响最大？……我认为这些问题都非常有趣，可以继续探讨研究。

如果用科学研究的方法看待代沟，那生活中发生的种种现象就像是在自然条件下的实验：几十年前，你的父母也曾处于你的年纪，他们很可能像你一样有着青春期的梦想和困惑。你们是如此的相似，但为何因为25至35岁年龄差的存在，两代人现在却完全无法沟通呢？

　　我观察到，很多中国父母不跟孩子聊过去的生活和经历，这让我的一些外国朋友感到非常惊讶。作为一个曾经研究打工者的学者，我注意到，在我这一代，还有很多比我还小的农民工进城后并没有稳定工作，有摆摊卖小吃的，有干木匠、做修理工的，还有做零工的。做零工的人需要早上五六点就起床，到广场、马路边去等人雇他去家里修个空调什么的，也许下午再接个活去修理路面。更不用说还有千千万万的人在工厂里做工人。可能出于尴尬和自卑，他们不太愿意将过往的辛苦详细讲述给小辈听。而即使他们愿意讲述，往往也缺乏描绘细节的语言。

　　但是，细节很重要。"爸爸妈妈在北京打过三年工"这种笼统的讲述对后人的价值有限。他们下班回宿舍吃什么？加班到晚上十点，末班公交没有了怎么办？这些细节不讲，孩子就很难真正共情，也无从得知父母是如何辛苦工作为孩子攒下学费的，更不会去理解父母的世界观，不理解他们对外界的不安全和不信任感，包括为什么家长总要催婚、总在存钱。这种叙事的断裂，其实妨碍了年轻人去认知现实。

　　还有一种因素影响了代际的沟通。许多中国的家长倾向于过度保护自己的孩子，无论他们的家庭条件如何。父母打心眼里觉得不能让孩子失望，甚至到了为孩子而活的境界。他们着力隐藏现实阶级的鸿沟，为子女创造了一种幻觉，仿佛他们和有钱人家的孩子享受同等待遇，而没有让他们认识到社会的不美好和贫富差距的存在。

孩子被过度保护的结果就是，他们从小便失去了对现实世界的基本认知，而将日后一切成就都归功于个人因素，比如天赋和努力，人们信奉"努力是进步的唯一途径"这样的信条。

但现实世界并非只靠努力就能获得理想的结果，一旦幻象被戳破，努力没有获得成果，年轻人不可避免地会产生巨大的幻灭感和迷失感，这对他们的成长是不利的。

年轻一代的生活被人工制造的繁荣景象和五光十色的社交媒体所裹挟，终日沉浸在虚拟的网络文化中，却对现实社会的运作知之甚少，他们不清楚每天吃的食物从哪里来，不知道是谁在打扫街道，以及为什么有些房子比别的贵。

如果一个人不能以这样具体的方式理解自己这代人的人生，那他更无法以具体的方式理解其他的世代，包括比他们更年轻的世代。代际断裂其实也是具体叙事的缺位：人们不以现实的方式来谈论生活。而非虚构写作作为一种重要的思考辅助工具，可以创造出一个反映现实、分享经历的新领地，从而突破代沟，实现跨代际交流。

　　跨代际交流在新冠疫情后的世界中更加重要，因为放眼全球，没有一个世代能免于疫情的冲击。我这一代人、比我年纪更大的人都受到了严重的影响，老一代人开始更深刻地理解生命、衰老以及死亡。对在疫情中成长起来的孩子来说，他们也经历了巨大的改变。举个简单的例子，我女儿在德国的学校在疫情期间关闭了一段时间，重新开放时，学校不得不引入一种前所未有的措施：小朋友玩耍的时候，老师需要带着红牌在其中巡视，如果发现有小朋友欺负同伴，就出示红牌，要求其离开操场。这让我很惊奇，他们才居家隔离了两个月，就忘了怎么和其他小朋友相处，怎么文明礼貌地玩游戏。他们一起玩耍依然很开心，但却变得更加霸道，不再注意边界，也难以互相理解，所以老师不得不介入。

　　后疫情时代，人们开始思考如何更好地与他人共同生活。跨代际的对话与交流也有助于人们互相理解彼此所经历的改变。

　　亲爱的读者和作者朋友们，我想给大家一个建议：不妨跟你的父母或者孩子合作，坐在一起写一篇跨代际的非虚构作品，甚至三代人共同写作一个故事。

　　你可以选择家庭中的任意对象，我举个例子：电视机。它贯穿不同代人的生活：对于祖父母那代人来说，20世纪80年代他们才拥有电视，父母这一辈则是逐渐适应了电视成为生活的一部分，而孩子们可能看都不看电视一眼。

从老一辈的角度，当年可以邀请街坊邻居来家里一起看电视会给他们带来极大的满足感和尊严感。我记得小的时候，邻居家在买了电视后就变成了一个"迷你影院"，每当夜幕降临，街坊们都挤在他家看电视。那种经历对现在的年轻人来说是很陌生的，他们可能都不想见到陌生人，也不知道该如何与陌生人聊天。通过这个例子，大家可以试着理解对不同世代来说，快乐和尊严分别意味着什么。

聚焦99%的枯燥

作为研究者，我希望看到的非虚构作品要有足够的信息量。个人情绪和感受当然很重要，但你需要注意它们与客观现实、经历和实践之间的关系。写作者可能没法像学者那样把这些关系拆解开来分析，但他们可以把主观感受嵌入到一个更大的格局中。

我也希望能在作品中阅读到生活中的东西。每当从他人的作品中看到一些熟悉的元素，我就会觉得自己的生活和眼前的文本产生了关联，并开始反思那段经历——由此，阅读引发了我的思考。

我个人不太喜欢情节很夸张的那种作品。中英文写作可能都有一种趋势，就是把非常个人化的感受放在突出的中心位置，首先要抓眼球，镇住读者，下一步最重要：要赚取眼泪，比如在社交媒体上动不动就"泪崩"。这很符合都市中产的情感定式：你看到别人受苦，然后共情一下。

这在西方媒体中已经成为很大的问题：比如过去二十年，关于阿富汗的报道都是讲妇女、女孩的权益，很容易让人共情。但很少有人去研究土地关系、水资源分配、怎么收庄稼。妇女、女孩也是人，也要吃饭喝水，也要养鸡。此类事务是怎么在日常生活里组织起来的？写作者不感兴趣。

我们国内也有这样的情况。有些打工者写出了情感充沛、细腻敏感的非虚构作品，赢得了许多赞誉。中产读者对他们的写作才华感到钦佩，但看不到大部分人辛苦的体力劳动的状态。写得有点像古希腊悲剧，一个英雄或者美人生不逢时，一个本来应该成为中产的成了打工的，这样的故事令人唏嘘，但是把具体的劳动过程变得很模糊。

这正是问题所在：我们好像觉得自己当前的生活状态是合理的、好的，而体力劳动则是要逃避的对象，是没有意义的。我们没有从文章中了解到这些打工者具体的工作情况，比如他们是如何找到工作的、工作要求有哪些、工钱是怎么算的……这些可能在文章中偶有提到，但人们似乎更感兴趣的还是生活的悲歌，缺乏更实质性的洞察。

现实是，99%的生活是枯燥的。但正是这些枯燥无聊的东西，组成了一个社会的基本结构，从这个结构中产生了不平等——这才是我们真正应该关注的东西。

当然我并不是告诉写作者不要去写重磅事件，像死亡、事故。但还有很多生活日常及其长期影响需要关注，而不是去跟媒体抢新闻。把生活压缩成社交媒体头条、热搜流行词的趋势以及网络上日益难辨的真真假假，这些对人的思考能力会有很负面的影响。

不管是在情感上还是在思维上，人们很容易对那种戏剧性事件做出反应，这本身也是人性的表现。对某件事情感到愤慨、触动或者同情，这些都很好。但真正能体现思考能力的在于从寻常中提炼出不寻常之处，于无声处听惊雷。

与学者相比，写作者有一个优势，就是更能抓住生活中的细微处，认真、深刻、执着地去进行描绘。而我们学者的工作是系统地观察社会，而大部分的生活既没有情节也没有起伏，不能算作一个故事，我们观察的方式就是这么枯燥。而且我们的写作方式也更讲求效率：用最少的字数传达最有意义的信息。

在此，我想斗胆给非虚构写作者提一个建议：人们都说写非虚构就是要讲故事，有完整的情节、清晰的人物以及顺畅的结构。但我在想，写作者是否也可以聚焦于社会上的某个议题进行写作，以话题为中心来组织内容？

这就联系到从1930年代的左翼文学传统而来的80年代报告文学，它们不讲完整的个人故事，而是关于一个群体的不同场景的拼贴。每一个场景都提供信息，最后产生一个完整的叙事。

比如夏衍的经典作品《包身工》，作者深入工人群体中进行参与式观察，描写了许多场景：一间宿舍挤十几个工人；房间里的厕所是什么样的；垃圾桶随意地放在床边；入夜工人们此起彼伏的呼噜声；狭小的宿舍充斥着因没洗澡而散发的异味……这里面没有故事，但细节诉说了一切。这种写作听起来很笨重，但不妨一试。

前段时间我印象比较深的一篇非虚构作品是《外卖骑手，困在系统里》。这不是第一篇展示骑手工作辛苦的报道，但是它的亮点在于作者描述了外卖产业的组织方式，比如外卖软件至高无上的权力、骑手必须在有限时间内完成送单的压力、用户对骑手的评价对其薪水和考核的影响、小规模餐厅受外卖软件压榨的愤怒，等等。这给我们展现了一个产业的全景，许多不同方面的人群在这其中互相影响，有时甚至是在不经意间——比如顾客可能并不觉得自己站在外卖平台这一边，但他们可能也在无意中通过随手给骑手打分影响到了骑手的收入。

现在的写作还有一种过于注重视觉的趋势，力图让文字像电影一样展现画面，连学术写作也未能幸免，我看到越来越多的学术文章在描述细节，诸如气味、氛围和触摸感上下大功夫，但读者读了二十多页仍未能找到主旨。

在非虚构写作中，也许我们可以期待一些新的东西。为什么总要用一些特殊的个人故事，用"震惊体"去博人眼球？既然读者都是对生活的某些方面有现实忧虑的社会公民，那何不直接一点，去回应读者关心的现实话题本身呢？

人物简介：

项飙，1972年生于浙江温州，牛津大学社会人类学教授，德国马克斯·普朗克社会人类学研究所所长。著有《跨越边界的社区：北京"浙江村"的生活史》《全球猎身：世界信息产业和印度技术劳工》等。

用非虚构书写世代

讲述者 彼得·海斯勒
(Peter Hessler)

采访并文 第六声（薛雍乐　沈依陶　姚佳池）
（本文根据彼得·海斯勒接受第六声书面采访的回答整理而成。）

关于世代

在美国，我算是X世代人。我们这一代最重要的特点是：成长历程与科技发展的关联不是很密切。我上高中时，我们家只有一个功能非常少的家用电脑，它甚至没有装文字处理软件，所以在1988年秋天我去上大学时还在用打字机。到了普林斯顿大学后，我发现他们有计算机中心，并很快习惯了使用文字处理软件。

20岁时，我买了自己的第一台个人电脑。到23岁读研究生时，我才开始使用电子邮件，而且直到快30岁才真正用上了互联网。

来中国后，我基本上是重来了一次。1996年，当我去到涪陵时，那里根本连不上网。于是那一年半我既没有邮箱也上不了任何网站。或许那算是一种幸运，因为我就不得不努力学中文与写作了。我也有了许多空闲时间来审思自己的写作——毕竟我不会一写完就发到网站上或者社交媒体上，那样迅速发出的稿件有时可能会太粗糙，尤其是对年轻作者而言。相比而言，多花时间处理素材、仔细思考如何去呈现它们，可能会更有帮助。

在离开涪陵的6个月前，我们终于弄到了一条拨号上网线路，虽然看不了网站，但是可以用邮箱。能发邮件给我和亚当·梅尔（Adam Meier，另一位志愿者）都带来了非常大的帮助。亚当得以为他的读研计划做准备，而我终于重新和我的大学老师约翰·麦克菲（John McPhee，普林斯顿大学教授、美国著名非虚构作家）取得了联系。我和老师互通邮件，有一天他发了一封长信，建议我写一本关于涪陵的书。我之前从没想过这个，但在读到他的建议后，我意识到这么做挺好的。于是很快我便开始了《江城》一书的写作。

在时机方面，我很幸运，因为断网的那18个月让我变成了一个更细致的观察者与记录者。而在我的旅程后期重新接通的网络，让我得以开始规划未来、思考我想写怎样的作品。

　　我们这代人里，有些至今还无法完全拥抱技术，其实我也是其中之一。我不用社交媒体，我的手机和电脑都很简单、老旧，而且我很少用手机。可能是我觉得自己需要保护自己的注意力、避免分心，这样才能成为我理想中的那种作家。

　　在中国，我当然和大家一样，用"80后""90后"来指代不同世代的人。但在我的作品里，我常常会把我在涪陵教过的学生们描述成"改革开放一代"。我觉得单纯用年代来划分不同的世代并不是总能说明问题，因为它们只能指代十年时间，没什么具体的描述。我觉得我教的那些学生是十分有趣的一代人，因为在他们出生后不久，邓小平就启动了改革开放。这些年轻人在成长过程中，经历了极其显著的经济与社会变革。这一代人实现了非凡的阶层跨越，从乡村到城市，从贫困到中产，从相对蒙昧到获得了良好的教育。我对那一代人很有亲近感，因为我教了那么多学生，又和他们维持了多年的密切联系。我欣赏他们的坚韧顽强和灵活变通。我一直相信他们是中国极其特殊的一代人。

　　我认为我的孩子还太小，还不能用某个特定世代来概括——她们才13岁。不过，与其他世代相比，她们这代人的一大特点是经常使用社交媒体。显然，社交媒体对孩子来说糟透了，而且我个人感觉，在目前阶段，人们还没有完全意识到这一点，或者说还不知道该如何应对。我的女儿们没有手机，我们也会限制她们使用电子产品。这还比较容易，因为我和我妻子也不怎么用那些东西。但是我能看到我的女儿们和她们的绝大多数同龄人有多不一样。她们读了许多书，比起电子产品更喜欢阅读。但这让她们显得好像有点"不属于这个时代"。

比起我的父母，我当家长的时间更晚。我的父亲在我现在这个年纪时，他的儿子，也就是那时的我，已经读完硕士了。但我的女儿们现在才读七年级。所以在育儿方面，我和上一辈也会有些区别。比如，我现在在经济方面更有保障，因为在有孩子前我花了很长的时间工作赚钱。相比之下，我的父母在我长大时没什么钱。我年轻时打了很多工——8岁时我就开始送报纸了。我也在密苏里大学和其他一些地方打工，什么活都干过。上高中前，我就开始用自己的钱给自己买衣服、理发。在16岁那年，我买了一辆车——每一分钱都是我自己挣的；我父母什么也没给我。这一切导致我有着极其强烈的经济责任感和独立意识。当然，那时我也完全不做学校功课。我的高中课程太简单了，所以我有很多时间去打工。

我希望我的女儿们能找些兼职，但她们不会像我在高中时做得那么多，而且她们在学业上要投入得多，认真得多。

　　我和我在涪陵的学生们年纪差不了多少，但我们之间当然还是有很多差异。我成长时并不富裕，但我的父母都受过良好的教育，而且我父亲在大学工作，工作非常稳定（而且有优渥的养老金）。所以我远没有感受过我的涪陵学生们所经历过的那种经济压力。他们大多是从乡村来的，其中有些真的体会过什么叫贫困。很多时候，我一时都意识不到他们有多困难。他们从不抱怨，还经常藏着掖着，不跟别人说自己在学校里吃不饱饭。

　　我的未来也更有保障。我来自一个发达国家，还有普林斯顿大学和牛津大学的学位。所以我一直知道，如果在中国、在写作方面没有混出头来，我完全可以回美国，找一份还不错的工作。而我的涪陵学生就没有这种有利条件。

　　但刨去这些区别，我们之间也有很多共同点。我欣赏我那些学生和他们这一代人工作的方式。他们非常勤奋，而且肯吃苦。我也愿意吃苦。作为一个外国人，在涪陵生活并不容易，但我向来不抱怨，只是尽力而为，因为那里的大多数人也是这样的。

　　另外，我敬佩他们对风险的承受力。那一代人都乐意去冒一些难以想象的风险——他们无所畏惧。我想我有那么一点类似的性格。毕业后加入和平队就是一大冒险之举——很少有美国名牌大学生会做出这样的选择。没签合同就直接写《江城》也是冒险之举，在1999年没工作的情况下搬去北京做自由职业者也是冒险之举。但我总会想到周围的那些中国人，我会想，他们所冒的风险要大得多，还能保持如此淡定，所以不用担心。就尽力而为，努力奋斗，就像这些人们干活的态度一样。

不同代人之间有相当大的区别。我的涪陵学生们通常很穷，家里没什么教育背景，所以他们都非常积极地试图改善自己的经济状况。对他们来说，生活水平和教育水平的提高是非常关键的。他们在试图突破他们父母辈的境况。

而我后来教的四川大学的学生们大部分来自中产家庭。他们的父母和我的涪陵学生差不多在一个年龄段，而且他们已经完成了走出贫穷、走出乡村的重大跨越。很多时候，我会感觉到四川大学的学生们想要从生活中获取一些不同的东西。他们经常是想要赚钱的，但是他们也会聊很多精神方面和创意方面的需求，寻求一些比金钱更深层次的东西，以达到自我实现。

我印象很深的是四川大学的学生们也非常勤奋刻苦。我原先预想，他们不会像涪陵的孩子们那么努力，因为他们来自生活更轻松的阶层。但中国的中产阶级似乎还是有很强的危机感，那些年轻人通常承受着很大的压力，想要出人头地。

对于有关世代的故事，我会觉得不同代人之间的交流很有趣。他们能处得来吗？还是会有矛盾？代际关系中的张力来自何处？不同世代的人彼此之间会有哪些不了解的地方？例如，我的涪陵学生们常常跟我讲，年轻一代不懂得吃苦，他们从来没经历过贫困或苦难。而我的四川大学学生们则会说他们的父母在性别意识或性取向方面过于闭塞保守。年轻人通常会更接受LGBTQ（性少数群体）这样的概念，但四五十岁的人往往很难接受。

有关家族往事的故事其实有很多。在中国，人们容易忽略那些与个体相关、非正式的私人历史。人们通常会有这样的观念：我为什么要讲自己的故事呢？我和我的家族又没什么特别之处。那么多人在过往的年代受过苦，我还有什么可说的呢？

在这一点上，年轻一代就不一样了。他们更容易认为自己的个体经历有价值，值得讲述。总体来看，他们会表现得比上一代人更具个人主义色彩。

关于非虚构写作

我想写作风格是由许多不同方面组成的。有些是技术性的：采用怎样的写作方式。我年轻时受到了海明威、约瑟夫·康拉德（Joseph Conrad）、琼·狄迪恩（Joan Didion）等作者的影响，他们喜欢写得简洁而清晰直接，同时在文字节奏方面下了很深的功夫。人们通常会觉得，好文笔意味着精妙的措辞。但我认为，更重要的是在不同段落间形成节奏与韵律。

对非虚构写作而言，写作风格的另一个重要组成部分是选题本身。我没怎么写过名人，因为关于这种人的故事已经够多了，而且他们通常都很会包装自己，也擅长与媒体打交道。我更愿意写那些不怎么被媒体关注到的话题和人物。对这些人而言，接受采访还是新鲜事，我觉得自己能更清晰地看到他们真实的样子。

这些年来，我发现自己在哪里都能写。我也需要这个能力。我常常居住在不太舒适的环境中，比如当年的涪陵。我也经历过混乱，比如在埃及开罗。我不能指望自己的写作环境总是很稳定轻松，但我已经学会了在写作时与那些外在状况隔开。我可以忽略很多可能影响到写作的东西。

不过，我还是更喜欢在位于科罗拉多州西南部的自家书房中写作。在那里，我有观看安肯帕格里河峡谷的绝佳视野，抬头就能看到牧场、牛群、高山与森林。每一个季节都会带来新的色彩，那样的景色我永远都看不厌。在那种环境下，坐下来写作要容易得多。

　　总的来说，我不是什么神经质或迷信的作家。因为我不得不适应在多变的且通常是艰难的环境里写作，所以我不能把写作方面的事再复杂化。现实生活已经够复杂了。

　　作为一个作家，我算是相当独立的。我对自己的作品有不错的判断力，能够找出问题所在，也知道如何改正。但当我完成一个故事或一本书后，我常常会把它发给道格·亨特（Doug Hunt），他是我一个在密苏里大学工作的作家朋友。这些年来，他给了我很多非常有帮助的反馈。当然，我也会请我的妻子张彤禾（Leslie Chang）来读我的作品。

　　Leslie和我的写作习性差不多。我们都喜欢写完之后自己读几遍，然后再给别人看。所以在写文章或写书的早期阶段，我们都不会给对方看。写作可不是一项团队运动。最理想的状态是，作者尽可能地自力更生，能够养成一种良好的本能，意识到作品是不是在正确的轨道上，还是什么时候需要做出修正。

　　过去这一年（2023年），我更清晰地感受到了这一点，因为Leslie和我同时在写书。这种情况以前从没有发生过。我想，在同一屋檐下有两名作家在同时写作可能会让人倍感压力，但我们俩自己倒没有这种感受。当然，这可能也是因为我们都五十几岁了，都懂得写作在一定程度上靠的是坚持。你不能太过纠结于写作中的某个问题。只要保持冷静、耐心、自信，问题通常会迎刃而解。

从24岁时起，我就总是在口袋里放一个小本子。如果发现了什么有趣的事情，我就记在上面。然后我会把这些笔记输入电脑，这样就成了一份可以搜索的文档。这些习惯很重要。你不能总依靠记忆，也不太可能总是从攒了好多年的笔记本里翻找自己想要的东西。

在组织细节方面，我觉得没有什么特定的规则。对我来说，那是直觉与经验的一种组合。能让故事活过来的只有细节。当你积累了更多写作经验时，你就更能本能地意识到某个故事需要怎样的细节。

通常而言，日常生活里总是存在一些张力。与一个人相处的时间越长，你就越能感受到是哪些力量塑造了他的性格。他们或许会有家族隐痛，或者有某种深藏的个人恐惧，或者很久以前发生的某件事至今都令他们感到羞耻。你必须有耐心。故事就在那里，只是我们通常没有足够长的时间来发现它。

我受约翰·麦克菲影响很深，既是因为他的作品，同时也因为他是我的老师。他对我总是倾囊相授，也会花时间和我讲他在事业早期受到的压力。我尤其喜欢他的《走入荒野》（*Coming into the Country*）、《与荒原同行》（*Encounters with the Archdruid*）、

《松林瘠地》（*The Pine Barrens*）和《比赛的水平》（*Levels of the Game*）。

我也很爱杜鲁门·卡波特（Truman Capote）的作品，不过有一个问题——在他写非虚构作品的那个时代，人们对真实性的要求不是很严格，所以他的一些材料不完全是真实的。

在我写自己的第一本书时，我毫无疑问受到了马克·萨尔兹曼（Mark Salzman）的《铁与丝》（*Iron and Silk*，中文版名为《幽默的中国人》）的影响。萨尔兹曼在1980年左右曾经在湖南任教，比我早差不多十年。那本书棒极了，我在中国的时候，认识的所有在华的外国人大概都读过它。最终，我自己写的书和它很不一样，但读萨尔兹曼的书的过程帮助我意识到写自己的这段经历是完全可行的。

如今，短视频和社交媒体给长文本阅读带来了挑战，但至少，非虚构写作可以让创作者实现一些用其他手段无法表达的东西。作者可以更加深思熟虑，也更需要运用技巧——与打开摄像头相比，写作需要很多年的练习才能学会。而且写作过程是完全孤独的，一个作家不需要与他人合作，他可以完全靠自己。这样，非虚构写作就能展现一个更专注集中的个人视角。而且，如果你写得足够熟练，就可以很有效率地用文字创造环境、情绪和声音。

　　确实，人们的注意力在下降。他们的阅读能力变差了，当然写作能力也变差了。所以事实上，只要你能集中注意力去写作，你就能脱颖而出。现在越来越少的人有能力来做这种工作了——读者也在逐渐减少。这种长文本的写作形式不会消失，但我认为它会变得更曲高和寡。

　　但无论如何，写作仍然是历史的重要组成部分。最经典的历史作品是用文字写下来的，而不是拍出来的。我一直认为那就是我从事写作的一大原因：对未来的人们来说，要了解我们身处的当下，文字仍然具有巨大的价值。

关于中国

　　我认为，中国人写中国和外国人写中国，其实没有太大的区别。作为美国人，当我写有关美国的故事时，我感觉和写中国或埃及时差不多。在所有这些地方我都尽力观察细节，以"局外人"的方式进行思考。在美国，在某种程度上我也是一个局外人，毕竟我成年后的大部分时间都在国外度过。

　　一个中国作家也可以像我一样写中国。很多中国人也是局外人——比如，如果某个北京人去了贵州，他就会成为一个局外人。但有另外一些原因让中国作者更难这么写。我是在一个给予写作者充分自由与空间的教育体系里长大的。这种自由与空间在中国的学校里很难看到。而且当我开始写作时，有很多出版机构愿意为我的作品付钱，包括《纽约客》(*The New Yorker*)。中国没有类似《纽约客》这样的地方。

我一开始接受的是小说写作的训练。从16岁起，我就想做一个作家，首先立下的目标就是写短篇故事和小说。高中时我为此非常努力，大学也是，并在那里选了创意写作专业。

作为小说作者，你通常会从某个人物或地点入手，情节也很重要，这种思路和记者很不一样，因为记者通常从某个议题入手。一位中国记者可能会先选一个想写的议题，比如计划生育政策，然后再去寻找与之有关的人物和地点进行写作。这有时会让人物和背景设定显得次要，因为故事本身是由议题来驱动的。

我的直觉则采取了另一个方向。我会先从一个自己感兴趣的人或者地点开始，然后去做调查，再由此找到与故事有关的议题。但我的主要焦点还是在人物、地点和情节。我认为这对书写中国来说是个不错的思路——对美国读者来说，这个国家如此遥远、如此不同，以至于人们很容易把这里的一切都与政治挂钩。

写中国相关的内容时，到底是强调在其他文化中看不到的

"中国特色"，还是展现一些有全球性的普遍特征，我倒是没怎么想过这个问题。我觉得对这个不用想太多，不应该过于顾虑读者的知识背景，而是应该纯粹地考虑人物、设定和情节，做好调研，梳理素材，尽自己所能把故事讲好。

写《江城》时，我没想到它会出版。我没有跟经纪人或出版商联系过，之前只是以自由撰稿人的身份发过几篇新闻故事。如果当时我能预料到会有很多人读它，肯定反而会起负面效果。我会开始不停地想读者的事，把一切弄得太复杂。

我之前的经验是这样，所以我现在也一直试着贯彻它。我现在正在写《江城》的续作，但我不会花时间去想象谁会读或他们会怎么想。我就只想着我的书。

在过去的几十年间，中国在外人看来似乎是个与众不同的、神秘而充满机遇的地方。现在中国与世界的关系有了变化，与全球经济深度融合，合作机遇也让步于竞争。当我开始写作时，中美之间也有矛盾，但现在的情形完全不同。今天，如果你写了些关于中国的理性内容，可能会同时被两边的极端分子围攻。

我并没有把中国当成美国的竞争对手来写。对我来说，这完全是人为建构出来的矛盾。普通中国人不可能每天一早醒来就开始思考：我该做什么来帮助自己的国家超越美国？他们一早醒来，想的是如何过上更好的生活，所以我围绕这些来写作。

有时这些故事也涉及美国。比如，在新冠疫情期间，我写了一位在亚马逊网站上向美国人卖便宜鞋子的创业者的故事。我没有把他看成是一个竞争者。他是一个机敏的商人，看到了太平洋彼岸的商机，并试着弄清外国消费者的需求，他非常擅长这个。他并不是为了战胜美国企业而开始做这个的。他只是想要为自己招来一笔好生意。我尊敬他的努力，对我来说，我可以很轻松地讲述他的故事而不把他描述成一个敌人。他不是美国的对手，非要说的话，他反而映照了勤勉刻苦、机敏多智这两个同样存在于美国价值观中的特质，还充分利用了亚马逊这个美国企业来实现自己的目标。

人物简介：

彼得·海斯勒（Peter Hessler，中文名何伟，1969— ），美国记者、作家，曾任《纽约客》驻京记者。20世纪90年代在重庆涪陵任教，2019—2021年在四川大学教授非虚构写作。其作品《江城》《寻路中国》《甲骨文》被称为"中国纪实三部曲"。

在厨房、餐桌捕捉世代

讲述者　扶霞·邓洛普
（Fuchsia Dunlop）

采访并文

第六声（薛雍乐　姚佳池　智煜　姜雅玲）

（本文根据扶霞·邓洛普参加第六声线上活动时的发言及后续采访整理而成。）

　　我第一次来中国是在1992年，两年后开始在成都定居。对于我所写的《鱼翅与花椒》这本书，我对中国读者的反响感到意外和感动。书中我所描绘的城市——那个我最熟悉的1990年代的成都，却是如今中国年轻一代所不熟悉的。甚至有来自成都的读者也觉得，我所展现的是有着老巷子老街坊、已经不复存在的老成都。

　　自从我的作品在中国出版后，我经常会在采访中被问到这样一个问题：扶霞，你作为剑桥大学毕业生，不走学术道路却决定写食物，你的父母对此是什么样的态度？

　　曾经有记者问过我如何处理从剑桥高材生到厨师和美食作家这种身份转换的落

差。我觉得这种问题很奇怪，因为我从来没有经历过任何他们所讲的"落差感"，我打心眼里认可并尊重厨师这个职业以及烹饪这项技能，我的父母也是如此，并不是说选择走一条与食物打交道的路就不如搞学术。

在中国历史上，那些品鉴并描写美食的文人墨客和将美食真正制作出来的厨师之间有一条很深的文化鸿沟。即使在现代中国，这种区隔依旧明显，不仅体现在上述人们对职业厨师的态度上，还体现为中国厨师的自视甚低：很多即便功成名就的大厨都认为自己不算"文化人"。但民以食为天，因为我知道食物之于中国人的重要性，所以这种轻视的存在令我实在费解。

我想，这可能是因为传统儒家更重视文字教育而不是实践技能。我真希望更多中国人可以尊敬、重视那些为他们准备食物的人，同时也以同样的态度对待食物。要记得，中国历史上那位伟大的厨师伊尹是多么思维敏锐、足智多谋，最终成为一国之相（曾以厨师为业的伊尹辅佐成汤灭夏立商）！我也和我认识的中国厨师们讨论过这些，希望我的写作能让他们感觉自己得到了应有的地位。

食物如何反映代际变化

如果让我选三个与"世代"相关的词，我的回答是：烹饪、传承、餐馆。

许多西方人认为餐馆起源于18世纪的法国巴黎，但事实上早在中国宋朝时期，杭州、开封就出现酒舍和食肆了，这其实是一种相当中式的文化。

几个世纪以来，餐饮业在发生巨大变革的同时也在不断传承，出现了许多老字号。在成都就有一家陈记麻婆豆腐，这家店最早可以追溯到清朝末年，那时候店名中的这位陈氏就在万福桥经营餐馆。不知不觉这家店已经传承了几个世纪，经历了国有化和再度私有化，一块牌匾承载着20世纪中国社会的所有动荡和变革。

我在成都最喜欢的一家老字号叫"夫妻肺片"，店里的小吃，还有龙抄手都很棒，学生时代我还在那家店的后厨学习过，那里的员工都很亲切。在北京，我喜欢东来顺的涮羊肉。

我觉得中国的老字号总体来说质量不一：有的仍然是品尝当地特色佳肴的绝佳场所，而有的只空留下一道菜名，早已失去其味道和本质。我觉得老字号毫无疑问是当地文化和历史的组成部分，每当看到这些餐馆在新的时代与时俱进、焕发出新的活力，我都倍感欣慰。

在我自己的家族中，也有一些美食传承，特别是我们家圣诞节晚餐的烤火鸡食谱；现在我也还是偶尔会制作妈妈配方的土豆洋葱汤和爸爸配方的牧羊人派，但近期我最常做的还是中国菜！

中国社会的饮食经历了翻天覆地的变化，这种变化也从侧面反映了时代的剧变。

中国人的饮食经历了从极度匮乏到空前充裕的剧变，这也导致了人们常在西方国家看到的那种不良后果：在中国，像2型糖尿病这样由营养过剩而引发的疾病开始占据主流；还出现了令许多人感到不安的食物浪费——不过中国政府已经出台了一些反对浪费的举措。我印象很深的是在北京的一家餐厅里发现饭桌上的小卡片，上面画着一碗米饭和农民在田间劳动的场面，表达的主题正是唐代诗人李绅的那句"粒粒皆辛苦"——后来我也将此句话作为自己一本书的标题。

中国的饮食文化也发生了很大的改变，人们可以从厨房中感受到这种变化。举个例子，我的朋友——同时也是我在四川大学的中文老师，当年她公寓中的厨房就很典型：没有任何装潢，是一个纯粹的"食品制作间"；而如今，我的另一些朋友们在搬进新公寓时，都会打造一间非常漂亮的厨房，这里已经逐渐成为一个接待好友、共进晚餐的惬意空间。

我还想到另一个厨房中的转变：在过去，中国人的厨房里没有烤箱，但有趣的是，随着现在人们饮食的国际化以及西式烘焙的流行，这个家电出现在越来越多的中国家庭里。我和我的朋友何雨珈微信联系很频繁，她同时也是我作品的中文译者。我们之间经常开点小玩笑，比如互相分享自己做的饭。通常就是我在伦敦的家中发给她一张老式的传统川菜，而她在成都的新家中发来自己用烤箱烘焙的蛋糕和饼干。所以如今烹饪在家庭中所扮演的角色、它的地位以及呈现的特征都和从前大不相同了。

伴随着进城务工的父母将孩子留在老家这一普遍现象，中国传统意义上的饮食文化也发生了颠覆：在农村是老年人为孙辈做饭，但他们并没有教孩子如何做饭，这当中缺失了老一辈将做饭本领传承给中年一代的过程。

其实在城市中也是如此。许多家庭都是老人在照顾小孩，给小孩做饭，而夹在中间的父母则没有学习过如何做饭。我的许多朋友都没有真正意义上从父母那里学过做饭的本领以及饮食的传统。

我还发现一件令我难过的事：中国的孩子学习压力都太大，

他们根本没有时间进行真正的放松和玩耍，也没有时间去了解美食、学习烹饪。

最后，我还对中国人对饮食与健康的结合很感兴趣。我第一次来成都的时候，就被这里食物的新鲜和营养深深震撼了，尤其是发现人们吃的肉比我们在西方（比如英国和美国）吃的要少太多。当时在成都，人们的做菜习惯是把肉切成丁和蔬菜一起炒熟，将肉作为一种点缀而不是主菜——而这个肉的分量放在美国通常只够一个人吃。此外，中国人做菜时还会添加很多健康的食材，比如谷物和蔬菜。

说起川菜，我知道大家对它的刻板印象就是又辣又烫，但其实，20世纪90年代的成都菜——那种传统的川菜——口味的均衡很关键。特别是家庭川菜：饭桌上有麻婆豆腐，就会配一碗清汤和几道清淡的时蔬。川菜真正做到了健康饮食与美味的兼得。

但随着现在人们越来越富裕，日子越过越好，中国人吃的鱼、肉和海鲜也更多了。这些食物确实很美味，但正如西方国家所经历过的那样，它们对环境产生了不可逆的破坏，美英那种大量食肉的饮食结构是非常不环保、不可持续的。

现在，西方人开始扪心自问：我们怎么做才能少吃点肉？怎么做才能在不给环境带来如此大压力的同时吃得美味又健康？这听来好像有点讽刺。但在中国，答案就摆在人们眼前：中国人传统的饮食习惯就是如此的健康和可持续。

中国传统烹饪中的节俭理念是一种既古老又符合当下的价值观，它真正触及了我们当代社会面临的问题，提醒我们不要吃太多的盐、添加剂和肉类，而要多吃些蔬菜。

但随着饮食传统的断层，年轻一代的孩子可能会逐渐遗忘并失去与过往智慧的联系。

地球正在面临严峻的气候问题以及其他环境危机，人们迫切需要找到少吃肉的方案。在西方国家，素食主义已经进入了主流，中国和西方社会里的不同群体也在对实验室培育人工肉的可行性争论不休。

当然，我认为中国并不需要从西方国家那里寻找解决问题的灵感，毕竟中国悠久的素食传统已经十分出色了，还有以植物制作的仿制荤菜（早在唐朝就出现了）。时至今日，中国人吃的肉仍然算不上多：人们的每日三餐以蔬菜和五谷杂粮为主（某些地区会有鱼肉），只会在逢年过节才痛快吃肉。因此我认为中国人完全可以从本国的传统饮食习惯中寻找更加环保、更加可持续的饮食结构：不一定非要放弃吃肉，但要少吃，将传统的大鱼大肉留给重要的聚会宴席。这一点我认为值得西方的素食主义者和纯素食者学习。

我认为人们应该意识到，中国传统的饮食价值和习惯是我们解决一些现代社会资源问题的最佳途径。

写作中餐的挑战

从某种意义上来说，在长达二十多年的时间里，我都是周围环境中唯一的外国人。我讲着非母语的中文，即使已经说了25年还是觉得很难。我也经常是周围环境中唯一的女性，因为大部分时间我都和厨师待在一起，他们大部分都是男士。要我说，我的中国生活的绝大多数时间都很有意思，但有时会有些挑战性。当然我也有过想家的时候，那种时刻很难熬。

写作中我遇到的一大挑战就是大量与食物和烹饪相关的中文无法翻译成英文，而且英语表达中也没有与烹饪方式一一对应的词（比如煎、炒、炸、焖、蒸、煮）。在写作过程中，特别是描写到口感（texture，mouth feel）时是最有趣的。

在《鱼翅与花椒》中，有一章标题叫"嚼劲"，取这个名字是因为我发现中西方有一个奇特的差异：中国人喜欢讨论食物的口感，而西方人却觉得描述口感很恶心。在英语中形容口感的都是类似"黏糊糊"（slimy）、"软绵绵"（gristly）以及"滑溜溜"（slippery）这样毫无食欲的词。我面临的挑战就是写作到"口感"部分时，不仅要怀着对食物的爱和深情，还要尽量写得俏皮有趣，将西方读者的反感拿出来打趣。同时我真的想对读者朋友们说：嘿，能否请您以一种新的角度，去试着欣赏一下食物的口感呢？我的写作过程充满这样的乐趣。

多年来，我一直在书中反复提及西方世界对中餐的负面刻板印象，并且不断尝试新的方法来增加西方读者对中国美食的了解和认同。在此过程中，我觉得最重要的是让外国人明白，"中国人什么都吃"这件事与贫富无关：并不是说穷人为了果腹什么都吃，而是中国人将不寻常的食材当成一种特权和乐趣。中国有着如此博大精深的宴席文化、雅致的菜肴以及各色小吃，即便如此还给中餐贴上"廉价"的标签实属荒谬。但当涉及像吃狗肉这样的文化敏感问题时，我只能尽力保持自己写作的公平理性。

关于写作方法，我一直有记笔记的习惯。笔记本上写满了各种我对中餐的描述、注释，还有食谱和草稿，相当的乱！每当我决定写一篇文章或是一个章节时，通常得翻好几本笔记才能找到相关的内容。

记笔记对我的写作很有帮助：在现场的时候，我会尽可能多地记录些东西。为了描述一个经历，我会调动所有的感官：视觉、听觉、嗅觉和味觉，笔记本中那些潦草的记录通常会成为我作品的雏形，它们像开关一样帮助我打开更细致的回忆。

在三年的新冠疫情期间，我无法回到中国，这段时间加剧了我对中国以及中国朋友们的思念。我真的很想念那里，想念那里的人，想去很多地方继续从事我的研究。但有趣的是，我心理上好像离中国更近了，因为我总是在想中国的事。

为了保持和中国的联系，我会经常上网浏览新闻报道以及特写故事，我还在社交媒体上关注了许多不同的人。不过我最感兴趣的当然还是关于美食的故事！很遗憾没能有更多的英语作家来中国工作生活，我觉得全世界需要更深刻地了解中国、了解中国人。

现在我手头有很多写作素材，最近我也刚完成一本关于中餐的新书，名叫《君幸食：一场贯穿古今的中餐盛宴》（*Invitation to a banquet: the story of Chinese food*），这不是一本烹饪教材，而是一次关于中华美食的文化探索。

要我推荐书籍的话，我觉得彼得·海斯勒的《江城》是所有描写中国的外籍作家的作品当中最好的。

还有一本比较推荐的书是海伦娜·阿特利（Helena Attlee）

的《行走的柠檬：意大利的柑橘园之旅》，这本书是讲述柑橘类水果的，乍一听绝对不是什么吸引人的题材，但它确实向读者展现了这一人们并不熟悉的领域的复杂专业性和非凡魅力。

这本书的作者海伦娜是一位园林专家，讲述的内容是关于作者所考察的意大利柑橘类水果。作者走遍了意大利的每一个角落、每一处果园，汇聚了不同区域的柑橘以及人的故事。这本书属于植物学范畴，但也有大量关于历史和社会背景的描写，是一本深入浅出、令人惊喜的艺术作品。我个人还认为这本关于柑橘水果的书读起来很可爱，很"美味"。

人物简介：

扶霞·邓洛普（Fuchsia Dunlop，中文名邓扶霞），英国美食作家，多年研究中国烹饪及中国饮食文化，曾四次获得在烹饪餐饮界有"奥斯卡"之称的詹姆斯·比尔德烹饪写作大奖（The James Beard Awards）。著有《鱼翅与花椒》《鱼米之乡》《川菜》等。

故事里的家庭和岁月

讲述者　钱佳楠

采访并文

第六声（薛雍乐　沈依陶　智煜　姜雅玲　汤梁申）

（本文根据钱佳楠参加第六声线上活动时的发言及后续采访整理而成。）

　　我第一次写小说是在爷爷去世之后，他是我非常敬爱的人。尽管那时我已经是大学生了，中国的传统丧礼依然让我感到困惑。

　　一位我从未见过的男人冲到灵柩前，哭天抢地，仿佛他是这个家的亲密成员。我当时无法理解这种表演性质的行为，就试着通过写作去弄清楚。幸运的是，这些小故事帮助我获得了母校的小说奖项。也就是那个时候，我知道自己能够写作。

　　但其实我写非虚构更早，起源也更有意思。我的第一篇非虚构作品叫《打鼾》。没错，当时起的就是这个标题。那时我才10岁，文章当然没有发表，纯粹是闹着玩。那个夏天我住在外婆家，有天早上醒来，突然想描绘一下家里的每个人是怎么打鼾的。

短文的内容差不多是这样的：我的姨夫的鼾声像一列打不起火的卡车。每次你以为卡车坏了，凑近去检查时，鼾声就会再度响起。我的姨妈的鼾声听起来则要轻柔得多，像在哼一段优美的旋律，但她会来来回回地重复唯一的一段旋律，让我特别想切歌。

我不是很确定那天脑子里在想什么，我居然跑去给姨妈展示了那篇文章。之后，她就在我们吃午饭时把文章念给全家人听。

所有人都围坐在餐桌边，可想而知，我的姨夫、姨妈、爸爸、妈妈、两个表兄全都哈哈大笑。倒没人生我的气，这一点我至今都很感激。姨妈读完这篇文章后，只提了一个建议。"你得换个结尾。"她说，指着文章的最后一句话："诚邀大家都来我家，和我一起听听我们夜里的鼾声交响曲。""这邀请我们可承受不起。"阿姨说。

波兰诗人切斯瓦夫·米沃什（Czeslaw Milosz）曾说过："要是家里出了个作家，这家就完了。"（When a writer is born into a family, the family is finished.）其实并不尽然。至少在我家，每时每刻，家人们都乐意与我分享故事。

在我的大家族中，每个人都有自己的故事，比如我的外公。

他在我出生以前就去世了，所以我没有见过他。然而，他永远活在我们家代代流传的传说中。如果各位记得王家卫的电影《阿飞正传》，片中最末的镜头是梁朝伟对着镜子梳头，抹上大量的发胶，把头发梳得油光发亮。我外公就是那样的。家里人跟我讲，即使在他生命的最后几天，他出门前都会检查自己的发型是否完美。而在之前的日子里，他喜欢在上海的市中心漫步，穿一身三件套西装，握一根英国手杖。

在我家，讲故事百无禁忌，就算是恋爱故事，大人也乐于和孩子分享。我有一位远房阿姨，她是家里的大女儿，负责每天出门买菜。然后，她就在当地的农贸市场遇见了她未来的丈夫——一个屠夫。听到她的故事时我还很幼稚，想问题可能比较带偏见，所以我很疑惑，一个剁肉切骨的屠夫如何燃起爱的火花？我十几岁的时候还没有准备把写作当成职业，但故事的力量早在那时就已经俘获了我。

故事能让我们欢笑和哭泣，影响我们的情绪起伏，这些情绪最后凝结成亲情的纽带，让我更好、更深入地去体察家人。我直到二十多岁都还是妈妈帮我洗头。其实她并没有溺爱孩子的习惯，但这件事她做了很久。那时我不明白这有什么不寻常，我们住在上海一间一居室的公寓里，没有淋浴房，洗头必须在厨房的水槽里解决。热水器老旧容易故障，水温也不稳，妈妈帮忙摸摸温度顺理成章。

后来我才知道，直到我外公生命的最后几年，都还在帮我妈妈洗头发。我也是这样才发现洗头是妈妈表达爱的方式。由此我也意识到，故事可以让逝去家人的记忆更恒久。就像我刚刚提到的，我试着让死去的外公在故事里复活，他作为一位英俊绅士漫步在南京路的形象会在文字中永生。

我二十多岁时开始正式发表小说，不过，非虚构一直是我拓展生活边界的方式。我曾在数年间断断续续采访了一些下岗职工，那个时代的"国退民进"为中国加入世界贸易组织和未来的经济腾飞铺平了道路。我的父母都是下岗工人，而对我而言，整个世纪之交和21世纪之初我的家里都过得很艰难：经历过数次破门未遂，大量老鼠前来造访，也因为生活拮据，父母在经济问题上总是争执不休。

但我在采访时也发现，在其他人身上，那段时光可以开启新生活。我妈妈的一个前同事三次去俄罗斯跑单帮，他的这几次冒险并没有带来如他预期一样多的收益，但他攒到了足够的钱来投资上海房地产，很快实现经济自由。我在2011年去伦敦读研究生时，那里唐人街的大部分人都有中国东北口音。我有些好奇，所以找了个肯跟我聊天的人采访。她是在工厂倒闭后从东北来到这里的，许多人和她有相似的境遇。对于昔日的中国重工业中心，经济转型的变故无疑比上海更严重，很多人不得不另寻生路。从那时起，我就开始格外关注迁移的人，因为在迁移的人身上我看到了类似的"前生"。

今年是我旅居美国的第六年，仍然感觉，无论在中国还是美国，自己都是个局外人。不过我很喜欢局外人这个身份。如果不是在美国生活过，我对家乡的观察就难有新的参考体系。而在美国，当地人认为稀松平常的事，却可能是一个被忽视的宝藏选题。

我对世界和人性仍然充满好奇，每一天都会有惊喜。仅仅在街上闲逛、与人交谈，就能捕捉到无穷的趣味，同时也按捺不住与读者分享的冲动。

如果要我想三个与"世代"相关的关键词，我会选择"家"、"纽带"和"梦想"。我在上海出生长大，也曾以为家是理所当然的。然而，在我离开家、见过这世上的其他角落之后，我是如此地眷恋自己的家。

此外，对我而言，"家"这个概念的一大印象便是家常菜——在家做饭占了我们生活的一大部分。尤其对我的妈妈而言，要给我一个家，就得为我做营养均衡的饭菜，确保我活得健健康康。我想妈妈们大多是这样。每到重要的节日或者期末大考，妈妈都会做一桌喜庆的菜。比如四喜烤麸是上海特色菜，寓意祝福。也是在这些时候，餐桌上绝不能有黄鱼，因为上海话里"黄鱼脑袋"的意思是脑子不好使。

旅居海外时，我会花很多心思想如何建立一个新家，如何维系家的感觉。这很难。

和家相似，"纽带"将人连接在一起，但又和"家"不同。世代与世代之间的纽带是如此不同。在我小的时候，会和爷爷一起下各种棋、打各种牌。我爷爷会很多东西，书法、国画，样样都会，他还特别擅长象棋。如果我一周能赢一局都够我骄傲好久。这些琐事和记忆形成的纽带让我想念他。

而我和父母之间的纽带就很不一样，因为他们没有那么多时间陪我玩游戏。所以他们与我之间的纽带更多地体现在上学路上。那时候我会坐在爸爸的自行车后座上，和他聊天。

最后一个关键词是"梦想"。我爷爷那代人经历过战乱，他们最大的愿望就是每个人都能安然无恙，当时能实现就已经难能可贵。对我父母来说，他们的夙愿是去上大学，但他们都没能实现。所以才坚定地要我考学。这应该能够代表很多我这一代和我们父母辈的共同心声。

六年前，我对写作产生了疲倦感。我那时在一所国际高中教书，工作稳定但生活单调。我觉得似乎开始自我重复，一切都索然无趣。我尝试了一些办法，比如去上海不同的街区探索，但最终也没有起到想象中的效果。

所以我决定做个实验，搬去美国，改用英文写作，看看能走多远。我没怎么细想，甚至没有设想过具体怎么做。但我就这么做了。用另一种语言写作很难，但收获也非常丰厚。

我遇到的其中一个困难是，有些我认为很有趣的话题对大多数美国读者而言可能没什么意思。我写过那位像梁朝伟一样潇洒的外公，和我眼中那个令人魂牵梦绕的老上海。结果同学们都不感兴趣，也不觉得文章好。正在攻读博士学位的我对这样的反馈感到失望。

类似的事情还发生了许多次，在我开始用英文写小说的时候。我会写很多关于中国的历史与文化的故事。有时候，我所在的艾奥瓦作家工作坊的同学看了会说："我们为什么要关心你作品里的文化背景？不要强迫我学那么多历史。"但如果我不解释文化背景，读者无法真正理解语境。这方面我还在学习：如何写得有趣、如何把重点更多地让渡给故事和人物本身。

　　我在艾奥瓦认识的一位同学曾对我说:"写作,要写到一个让读者不得不在乎的境界,一个让读者发自内心觉得'我应该在乎'的境界。"

　　自那以后,这句话就像一句秘诀。我想用我的文字打动读者、让他们在乎。

　　疫情期间我有很长时间没能回中国,遭遇前所未有的写作障碍,可能因为与自己的选题之间隔着太远的距离。为了填补这种距离感,我经常去洛杉矶的唐人街和当地的华人聊天。那里的唐人街给人的感觉和其他城市不同,有一部分最初是好莱坞片场,很假,但随着移民的迁入变得越来越自然和真实,那几条街有某种东西一直吸引着我。我不知道这种引力会带我去哪里,但在追随它的过程中,我似乎能控制住我的思乡之情。

　　我认为虚构文学和非虚构文学有一点很相似:它们都要求你用这种形式去构筑一个世界,去用心雕琢细节,在叙述中创造意义。我想我最关注的仍然是如何讲好一个故事,虚构作品的写作技巧是可以迁移到非虚构作品中的。我希望我的故事是流动的,不追求工整,而是能够有打动别人的力量。

人物简介：

钱佳楠，来自上海的双语作家，美国爱荷华大学作家工作坊艺术硕士，南加州大学文学和创意写作博士在读。英语作品散见于《纽约时报》《格兰塔》等，短篇小说 *To the Dogs* 获2021年度欧·亨利短篇小说奖。出版作品有《不吃鸡蛋的人》《有些未来我不想去》等。

第二部分

遗腹子

作者

舒安

翻译：薛雍乐

（本文获第六声英文非虚构写作大赛特等奖）

历　史

"不是我不想帮你，但你女儿在美国念书。"档案室负责人手指着我，话却是对着我母亲说的，"你也知道我们政府的情况。档案这种东西对于他们来说比较敏感，他们会担心，会不会有间谍由此获取了国家机密。"

那是在2011年，我在为博士论文研究SW国营锯木厂的劳工史。我的母亲和外婆都曾在这里工作。母亲把我介绍给了这名姓吴的档案室负责人。

母亲和吴都出生于1960年代初，在福建省的这座木材加工厂长大，直到2000年，由于国营木材加工厂被私有化，卖给了民营老板，工人全数下岗，她们的家人都失业了。她们不仅出身相同，打扮也是一样的"中国大妈"风格——烫卷的头发、栗棕色的文眉、描粗的眼线。现在，这两位一米五几的女性穿着一模一样的坡跟凉鞋互不相让。同类相斥，她们一定恨极了对方。

木材加工厂私营化之后，政府重新雇佣了吴，让她管理原国营厂的历史文件和员工档案。这些文档中想必藏着许多"国家机密"，所以才会被锁在一间布满尘土的房间里。而一个顶着全新烫发的女人自然不愿踏足其中。

母亲素来是个谈判高手，又怎会轻易接受吴的拒绝："要是她看不了工厂的文件，那至少让她看看我妈的个人档案。那里面可不会有国家机密，而且，让她看她家人的档案也没什么问题。"

我母亲才五个月大时，我外婆就成了寡妇。外婆在木材加工厂的工作让她得以养活刚出生的婴儿以及其他三个大一点的孩子。我母亲16岁时，也进入木材加工厂工作，在那里和同为工人的我的父亲结了婚，20岁出头时生了我这个独生女。

和她那温顺而沉默的姐姐不同，我母亲总是会跟外婆还嘴，掀起一场又一场漫长的争吵。当她姐姐因发现自己的男友出轨而郁郁寡欢时，我母亲对着那个男人和他的新欢破口大骂，怒火震动了整个社区。结婚也没有让她软化下来。一次，她想在办公楼外找一个欺负她丈夫的领导算账，但领导企图逃跑，于是她挺着孕晚期的大肚子在后面追，绊了一跤后，又站起来继续追，让担忧的围观群众目瞪口呆。

我回到木材厂所在的社区做研究已经是在我们全家离开SW的10年后了。回访木材厂社区时，老人们愉快地怀念着母亲的那些故事。当然，我一点也不惊讶。毕竟，我打一出生就认识她了。

当母亲坚定地看向吴，面带礼貌的微笑，要求拿到我外婆的档案时，我感觉她好像是在发出某种沉默的威胁。吴长叹了一口气，无奈地带我们去往大厅另一边的房间，那里摆了四个一米八的红木柜子。她打开其中一个柜子，翻了一会儿，取出了一只大大的淡黄色信封。她递给我母亲，但母亲后退了一步，对我点点头，示意我去拿。

这间档案室一边禁止人们阅读有关工厂的公开资料，一边却允许某个人的私人档案在未经许可的情况下得到阅览——这二者相较，哪个更荒诞一点呢？我的大脑不住地思考着这个问题，而与此同时，我的手已经打开信封，拿出了里面装的38页文件。它们按时间排序，从1954年一直到1990年。第一页是我外婆的证件照以及完整的个人信息，包括直系亲属和亲密朋友的基本情况。

第二页则是一系列提问："你有没有参加过反动党派或军队？""你有没有加入过邪教？"在1950年代的中国，你对这些问题当然只能回答"没有"。

母亲凑了过来。她迅速翻阅其余的内容，最后停在了某一页上。她沉重的目光好像让空气也凝重起来。过了一会儿，她放下文件，问正倚着门看手机的吴："要不让我女儿把这些文件拍下来，让她回去慢慢看。这样你就不用在这儿等我们了，怎么样？"

吴点了点头。按下三十多次快门后，我们离开了。

走出大楼正门的时候，母亲喃喃问道："你觉得，那些人知道自己的档案里都写了些什么吗？"

听她的口气，我知道她其实并不需要一个答案。

从我们站立的位置，可以看见两根烟囱，至少四间厂房，还有两个堆满原木的场地。这些都是木材加工厂还属于国营时在20世纪六七十年代造的，现在则属于四家民营木材生产企业，其员工主要是来自中国西南部云南省和贵州省的年轻外来务工人员。在2000年左右失业的那3000名国企员工在此后的二十多年来，各自漂泊在不同城市，从事各种各样的临时工作。

2016年夏天，其中的一百余人在我于SW举办的婚礼上团聚了。

婚　礼

我当时是很抗拒婚礼的，源于我对父权制的抗拒。但母亲说服了我："你采访过那么多工人。为了表示感谢，你应该请他们来吃一顿喜酒，不收红包。"

长大后，我在距离、政治观念和情感上都与父母渐行渐远，这常常让我感到愧疚。但也有很多次，当我意识到母亲仍然善于假借我的原则来操纵我的行为，我也就不那么愧疚了。

我们那儿的流行婚俗，有许多是渲染婚姻中的浪漫爱，或者象征着将女性送给夫家：例如伴娘堵门不让新郎来接新娘，新娘父亲牵着新娘走向新郎，新婚夫妇交换戒指、一起跳舞或表演音乐节目。作为对我的妥协，母亲同意取消这些环节。

除了庆祝结婚，中国的婚礼也通过宴席上的食物来展现主人家的殷勤好客和社会地位。在我的童年记忆中，20世纪八九十年代之交，在位于山区的SW老家，有钱人家会在婚礼上将野生动物作为"大菜"。沿海地区在1990年代成为中国经济发展的模范之后，SW人（抑或是全国人民）都迷上了海鲜，因为海鲜既昂贵，又是许多人买不到的。那时，富裕家庭以及想要跨越阶级的家庭都在婚礼上提供虾和螃蟹。不过我母亲倒是借工作之便，让我吃上了很多虾蟹。时间快进到2016年，我的婚宴大菜成了清蒸整只龙虾。那龙虾几乎是我母亲数十年来对加入中产阶级的渴望的化身。

在我看来，我的婚礼是我家工人阶级根基和中产阶级梦想碰撞的缩影。婚宴上有12张圆桌，每张都坐了12位宾客。我和丈夫同我的大学同学坐在一起，他们都是居住在大城市的典型中产阶层。我们边吃饭边交流着各自生活工作的进展。我们习惯性地控制着音量，似乎不想吵到周围的人。而在其他桌的亲友大多都是木材厂工人。他们坐着、站着、大声嚷嚷，有人喝大了开始唱歌、拥抱、开玩笑地打闹。

婚礼进行了两小时后，我的朋友们回去了酒店房间。但我和丈夫（主要是我丈夫）被困在了大厅里，因为喝醉的中国宾客们来了兴致，要和这个美国白人拍照留念，而他的妻子则成了方便免费的翻译。

"哎冷！"一个50多岁的阿姨操着浓重的南方口音喊着我丈夫的"英文名"。她的脸因为喝酒红得像番茄一样，声音则因抽烟多年而变得沙哑。"你应该多来中国，多来SW。我们SW虽然小，但我们很好客！你来，阿姨给你做饭！"

阿姨一手紧紧抓着他的手臂，另一只手拿着一杯红酒。等待拍照的队列里另一个醉醺醺的叔叔不小心推了一下她本就摇摇晃晃的身体，红酒溅出玻璃杯，从我丈夫的淡粉色衬衫上淌下。

碰撞，却没有人停下。醉酒的人们自然不在乎，而我们也礼貌得什么也没说。

不一会儿，我母亲来拯救我们了。"让他们回去休息吧。她已经怀孕三个月了，需要休息。"母亲用手指着我。在这之前，她一直挣扎着不肯告诉别人我在婚礼前就已经怀孕了。

"妈，现在这年头，谁还会在乎未婚先孕的事啊？"我试过用反问来劝慰她。

"我在乎！我觉得这不好听。人家会说三道四的。"

"可是我人在美国读书，而且马上就要拿到博士学位了。我这样的情况，就算在今天中国的价值体系里，也被允许发生婚前性行为吧。"

母亲若有所思地沉默了，当时我以为她接受了我的做法，直到婚礼那刻我听到她对别人说："他们四个月前就在美国结婚了。"她列出了一条清晰的时间线，把我受孕的时间点排在了法定结婚后的一个月。

时间线

那天，从木材加工厂档案室回到住所之后，母亲叫我立刻把外婆档案的照片传到电脑里。接着她戴上了老花镜——除非有特别要紧的事，通常她是不肯戴的。

她眉头紧锁，眯起眼睛盯着屏幕许久，看完之后，额头上留下两道深深的皱褶。

"我就知道她档案里会有这个。"她脱下老花镜，将电脑转向我。屏幕上有一份手写的"检讨书"。作者的签名栏里是外婆的名字，但我外婆是文盲，连自己的名字都不会写，更别提这整整两页检讨了。

文件是用第一人称写的，里面宣称我的外婆在木材加工厂与一名姓林的男同事有过一段长达六年的婚外恋。林知道我外婆的丈夫生病体弱，所以经常给她帮忙。他们的交往后来"超越了同志式的关系"：在"1960年8月"，他们第一次发生了性关系。1964年，外婆丧偶的几个月后，她生下了一个孩子，那其实是林的孩子。林给了她"20块钱、15斤细面、一张20斤的米票"。文件还说明了他们发生性关系的频率（每月一到两次）、为什么频率这么低（因为她家里有好几个孩子），以及他们是如何得以找到时机的（让其他朋友带孩子们去看电影）。

这让我大跌眼镜。工作档案里居然详细地记录着如此私人的情事，这似乎很不合适。而且，我们家里长期以来都说我母亲是个"遗腹子"，即尚未出生父亲就已去世的孩子。外婆常说，当她怀着我母亲时，她同时在缝两种衣服：给我"外公"的寿衣和给我母亲的婴儿服。

还有，我根本无法想象外婆会出轨。一直以来，我都潜移默化地认为老一辈很保守，而且外婆本人的性格也比较冷淡。我从没见过她用话语或动作表达爱意，甚至没见过她开怀大笑。我们家里的通行说法听上去更加可信：外婆被包办嫁给了比她大十岁的外公，他们从未相爱，只是被拉到一起生儿育女，直到他因肺癌去世，留下她独自照顾四个孩子。外婆在厂里会被林逗笑吗？她对他说过"爱"吗？当她的丈夫生病、孩子们不在家时，她和这个男人发生关系，会有一种得到解放的感觉吗？在这个新故事里有太多说不通的细节，让我理不出头绪。

但母亲却没有像我这样惊讶。相反，她看上去如释重负。"我记得林。我很小的时候，他送过糖给我。我四五岁的时候，他们一家搬去另一座城市了，但有时锯木厂的叔叔们会给我带零食，说是'林叔叔'给我的。那时我太小了，记不清楚他们是怎么讲的。但我依稀记得这个人。他很瘦。"

外婆从未对母亲讲过关于这个人的事情，而母亲也认为，她没法让外婆透露更多。母亲在1980年开始上班，自己赚钱后，就买了张火车票去了林的家乡，却发现他过世了。她没有问林的孩子们知不知道他们的父亲有过一段婚外情，也没有问他们知不知道他们实际上是同父异母的兄弟姐妹。

档案文件里写道，木材加工厂领导之所以会发现这起恋情，是因为厂里医务室的一位医生发现我外婆好几个月没来月经了。那位医生知道我外婆的丈夫病得很重，不可能让她受孕，所以医生就报告了自己的疑虑。经过短暂的调查，工厂贴出了针对林和我外婆的批评惩戒措施：他们被处以留职察看，如果再有不当行为就要被停职。外婆以前可以从工厂领到给低收入员工的经济补助，这份补助也被中止了。不久后，林被调离SW。

"所以我其实是10月出生的，不是5月。"母亲说，"估计是我妈在给我报户口的时候把生日提前了半年，这样更容易让人相信，我是她死去的丈夫的孩子。"

可为什么外婆要费心改日子呢？批评惩戒可是传遍了整个厂，她出了轨还生了个孩子，这是人尽皆知的。

技　能

　　显然，母亲在利用我在木材加工厂的研究来证实她对自己血亲来源的猜想。一开始，她自告奋勇给我介绍了几位林业部门的员工供我采访。然后，她又主动帮我去档案室找材料。

　　得知被她利用并没有让我觉得生气。这事也算是情理之外，意料之中吧。

　　母亲赖以生存的一项主要技能就是社会关系——介绍合适的人互相认识，并从他们建立的关系中受益。

　　在测量原木的部门工作了10年后，她在1990年代初加入了木材加工厂的第一支营销队伍。她的团队走遍了广东（包括深圳）和香港以推销产品，谈判合同。正因为接触到了资本主义的最前线，她感受到国营木材产业日薄西山。于是，她跳槽去一家市立酒店，领导那里的公关部，努力在服务业的蒸蒸日上和政府力量的安全稳定之间找到平衡。那是1995年。

　　几年后，全国范围的私有化政策横扫了中国数以万计的国有企业。截至2001年，86%的国有企业都完全或部分完成了私有化；1998—2001年，2550万工人下岗。SW国有锯木厂就是其中之一。

当整个木材厂社区（其中包括我的父亲和舅舅阿姨们）都失去了工作和主要收入来源之时，母亲利用她积累起来的社会关系帮助了那些挣扎中的亲朋好友们。

一次，一位下岗工人被关进了监狱，他母亲想去看他，但被监狱拒之门外。我母亲通关系帮她得到了探监许可，但监狱在100多公里之外，不通公交。那时SW的私家车还很少见。这位工人的母亲又叫不起出租车。我们家也叫不起，当时全家就只剩了1000块的救急钱。最后，母亲找了她在市政府的一位司机同事开车，送她和那工人的母亲一起去。

只要不需要出钱，母亲就会很乐意帮忙。但与整个木材厂社区的人们所经历的诸多困难相比，她的援助总感觉像是往池里扔石头，只泛起小小的涟漪，稍纵即逝。

父亲和其他失业的人尝试了各种听上去有点可笑的小生意，但一次又一次地失败了。之所以"可笑"，是因为在他们手头资源极其有限、周围的社交网络全被打破的时候，又怎么能培植起一家企业呢？

我一位儿时好友的父亲去了深圳一家电子工厂工作。春节，他本应只回家一个星期，但却把行李全都背了回来，因为他再也受不了那里管理人员的虐待。我朋友当时14岁，看到父亲这样回家，也不知道应该开心还是担忧。

另一个阿姨被确诊了结肠癌，但没有钱治病。她的丈夫本以性格幽默闻名，但在一夜之间头发全白，就像香港武侠电影里拍的那样，生活的重担化成忧愁，一夜白头。

目睹这个群体经历了这么多创伤，我的身心也日渐麻木，后来再听到这些事时，已不会像最初那样次次如临重击。在我的周围，勉强维生的人们，低头前进。直到有一天，看到母亲因帮不了一位木材厂的朋友而身陷窘境，我才痛苦地意识到，我们——下岗工人和他们的家人——变成了被社会抛弃的低等阶层。

那次，母亲去省会见一位她通过工作认识的政府官员。她带了我一起去。那是在2001年，在一间有着八顶宽敞蒙古包的餐厅里，尽管里面的食物显然和蒙古菜毫无关系。一张大大的圆桌上正在举行一场晚宴。是那位官员叫我们去的。

母亲带了两袋红菇作为礼物。她兴奋地解释这红菇的来源：一位农民上个星期刚从我们家乡的深山里采来的，所以它们的营养价值格外高，又很美味。

那位官员打断了她，大声笑道："你觉得这就算是好东西？这什么都不是。我家已经有两大箱红菇了。吃都吃不完。"

我震惊于那人傲慢粗鲁的反应，偷偷瞄向母亲，看到她的笑容凝固住了，眼神模糊起来，好像失了魂魄。才过了几秒钟，她就回到了自己惯常发挥女性魅力的外交姿态：微微向前倾，微笑着，目光明亮，看上去颇有兴致。

至今，当我想起那一刻，我还是会觉得很难过，因为它让我想起了数百万人共同经历但始终未能化解的集体创伤。那也是我在多年伴她坐在圆桌边以来，头一次近距离看到母亲那女性化的社交技能惨遭失败。

圆桌边

在我学生时代的记忆里，从我还不到7岁开始，我就在反复经历这一幕：我在圆桌边安静地坐着，周围的大人们喝酒说笑，而我将全部注意力放在剥虾剥蟹上。

那是在1990年代末，中央做出"八项规定"的二十年前。市立酒店公关部的主要任务是陪同其他政府部门来访的官员一起吃喝。如果你能把这些官员灌醉，他们就能给你带来接连不断的新生意。听起来好像不太合理，但却是当年的主流做法。

那些需要陪同的宾客几乎都是中老年男性。而我母亲领导的公关部全是漂亮的年轻女性。我都叫她们"姐姐"，而且知道她们每个人都酒量可观。母亲常带我一起去吃饭，给我点一大盘虾蟹，记在酒店的账上。两小时后，当宾客们都酩酊大醉，满脸通红得就像蒸熟的虾蟹之时，我盘里的虾蟹也都被我吃成了空壳。

我从没问过母亲，但我猜她带我去参加那些商务晚宴不只是为了让我免费吃海鲜，也是为了让她喝得少一点。因为她是一个母亲，需要带我回家，所以人们会允许她少喝点酒。有几次，或者说有很多次，她最终还是喝多了，我会在所有人面前冲她大声吼"你醉了"，以一种小孩的方式大闹一场。可能还有另一重原因：她想表明自己的身份是个母亲，以避免或减少性骚扰。

当我回想起那些弥漫着酒气的晚宴时，我意识到那里肯定有很多被习以为常的针对女性的"咸猪手"和荤段子，但我能记清楚的只有少数几起反而让男性尴尬的事件。

一次，一位姐姐调笑一名酒量不好的男性宾客："想要我们给你点牛奶吗？你可以和我们的小妹妹喝一样的甜牛奶。"她指向我说。

"要么是你在找别的什么奶？"另一个姐姐插了进来。

那男人的脸白了："你们不能在孩子面前开这种玩笑。"

母亲大笑："别担心我女儿。她5岁开始就跟我们坐在这种酒席上，早已见怪不怪了。她会'出淤泥而不染'的。"

我不确定母亲是不是真的觉得我不会受到影响。在那些圆桌边的观察让我懂得，一个女性——包括我自己在内——需要在利用自己的性魅力与不被男人真的占便宜之间保持完美的平衡。被开玩笑不要紧，因为你只需要学会怎么开玩笑反击。从另一方面来说，如果一个女性被性骚扰或性侵了，那就是她自己的错，因为她无能，她不知如何与这种根深蒂固的、充满性别歧视的文化周旋。

十年后，我发现自己正是那个无能的人。

无 能

本科毕业后，我在一所大学做了几个月的行政工作，直到我被一所美国高校的研究生院录取。我的不少本科同学都在各大城市的体制内工作。我们都学会了许多书本或岗位说明上没有提到的技能，但这些技能恰恰是工作中不可或缺的：如何和客户闲谈，在商务晚宴上敬酒要说什么，（对女性来说）怎么避免喝醉的生意人靠到你身上，（对男性来说）在和其他男同事或客户社交时怎么讲从网上背下来的荤段子。我们被频频告诫：社会和学校大不一样。要是我们不想再做小孩子，就得玩好这场全新的性别游戏。

　　为了庆祝圣诞节和学期结束，我们部门的行政团队去了一家同时也是卡拉OK的餐厅。那是我第一次去可以变身卡拉OK的餐厅，也是唯一的一次。人们在包房里吃完晚餐，然后餐桌被撤走，灯光暗下，卡拉OK就开始了。我们团队里有一位男领导、一位担任副职的女领导，还有8个女员工，这是当时大学行政团队里相当典型的配置。

　　我们刚开始唱歌时，大家都兴致缺缺。一位年资更高的员工想让气氛活跃起来，就拉我来到男领导面前："我们的小妹妹想和您一起唱一首歌。"对此我只是保持微笑。

　　男领导和我站在舞台中央，唱着一首别人点给我们的情歌。我努力将注意力集中在唱歌上。作为新人，我急切地想用歌喉给别人留下好印象。

　　"你们俩看上去可不像在唱情歌呀！"一个女人嚷道，然后我感到男人的手搭上了我的肩膀。

　　我继续认真唱歌。

　　"搂腰呀！谁会跟情人勾肩搭背啊？"大家哈哈大笑，继续嘲笑男人太害羞。于是我感到他的手臂环在了我的腰间。

　　我还在继续唱歌，但纠结着要如何在这个场合下讲出一句风趣又机智的回应。我感觉自己有责任炒热气氛，但又不知所措。我感觉自己就像一个没有生命、没有思想、没有感情的工具。我依然是那个埋头吃饭、装作若无其事的孩子。

我就是一个不知道如何玩这场性别游戏的无能女人。那一夜，我的全然沉默让我羞愧难当，浑身僵硬。

我也很怕自己终究会成为那些大笑的女人之中的一员。或者，我会不会厌倦沉默，大吼出声，然后别人就会如此回答："你非得这么小题大做吗？"

我逃离了那个岗位，永远逃离了。也许这样我就不用做出抉择，到底是继续做一个无能的女人，还是被同化成为她们中的一员。

她自己的故事

2014年，在读到外婆档案的三年之后，我通过一名受访者的帮助，获取了更多文档。在那些印着木材厂抬头的文件里，还有许多工厂批评处分其他"生活作风"不良的女性的公告——"生活作风不良"是当时对非正当性关系的委婉说法。

这些公告通常使用这样的说法："因为她不重视政治学习、

生活作风不良，她与一名有妇之夫发生了非正当性关系。"工厂管理层宣称"她的行为影响非常恶劣"，所以决定对其采取某种极度不利于她工作的处分。

我不知道这些女性的性行为影响有多么恶劣，又是给谁带来了这些影响，但我可以想象，公开谴责给她们带来了多少羞辱。

在我外婆的检讨书里，她总结道："我保证今后改造思想和错误，不和他讲话。永不犯这种见不得人的错误。"

我不知道外婆有没有再和林讲过话。林调走的时候，来向她道过别吗？当林去世的时候，有没有人来给她报信？我唯一知道的是，她没有向孩子们讲过任何有关林、他们的关系或这次公开谴责的事情。

只有一次，我母亲当着外婆的面提起这事。那是在她和我看到档案之后。当时她和外婆发生了激烈的争吵。外婆像往常一样，历数自己作为寡母所经历的艰辛，作为吵架的筹码："我的命太苦了。丈夫死得早，给我留下了你们四个孩子。我把你们带大了，可现在你们都跟我作对。"母亲愤怒地反唇相讥："并不是所有孩子都是你丈夫的，不是吗？"外婆瞬间陷入沉默，母亲也是。过了一会儿，外婆走开了，在卧室里待了很久不肯出来。母亲再也没向她提过这个话题。

其他那些出现在公开处分通报上的女性，她们也像我外婆一样坚守沉默吗？我们年轻一代想当然地以为，她们那代女性都很保守，忠于自己的婚姻。在这种默认的背后，我们接受和重复的是怎样一套有关女性性意识和自主能力的话语呢？

尽管被工厂通报批评，还让工作档案存了一份即使她死了都会留下来的检讨书，外婆依旧选择了沉默，更改了我母亲的生日，以驳斥工厂单方面对她人生的叙述。

她沉默了几十年，即使在自己的孩子与她对峙时都一言不发。她将羞耻吞进肚里，也以这种沉默抵抗工厂试图对她的生活进行的干扰和惩罚。她是一个单亲妈妈，工厂为她和孩子们提供了一切生存所需。逃离是不可能的。她的沉默就是她在父权体制的凝视下讲述自己故事的坚定的决心。

母亲陪我到访工厂档案室，终于确认了她数十年来的怀疑。几年后的某天，我们正在闲谈其他事，母亲突然问道："你觉得，我比我哥哥姐姐们更聪明，会不会是因为我是个私生子？"

我完全不知应该如何回应这个问题。她好像问得很突兀，但又好像是早已考虑过无数次。

母亲坚定而兴奋地解释道："你看，在古装剧和历史故事里，私生子通常是最聪明的那个。一般都是私生子最终赢得了王位、得到了遗产，或者拯救强大的家族免于衰败。"

可是，妈，我们家既没有王位也没有遗产啊。

你从外婆那里继承的是一种决心。当资本的凝视在赋予你力量的同时也将你裹挟，你坚定地掌握与书写着自己的故事。你们的坚持，在物质和情感的双重层面上帮助着我，使我得以在自己的故事里做一个急转弯，做出自己的选择——无论这个选择会不会像我想象中那样给我带来自由。

作者简介：

舒安居住在西雅图，是一名写作者、性别研究者和社区组织者。2017年，她在华盛顿大学取得了性别研究博士学位。

甘甜的大地

作者

席晓庆

翻译：林子尧

（本文获第六声英文非虚构写作大赛二等奖）

农民的女儿会懂得这个道理：

我们所熟知的一切，都出自他人之口。

妈妈说我当年是个严肃的孩子，一脸天真，专注于观察世界而来不及反应，又因太过专注于看别的东西而顾不上掩饰自己。

我的朋友们说，我"生来就爱说笑，没句正经话"（引自莎士比亚《无事生非》）。在美国，我一到夏天就成了半个野孩子，能驯服我的只有房间的四面墙和书本里字词的无尽诱惑。

我在美国的家位于中西部一处蓬勃发展的郊区，有一幢三层楼的别墅。这天，我们全家和两只胖胖的小狗坐在皮沙发上，盖着温暖的羊绒毯，像变戏法一样把手机屏幕上的视频投到大屏上。视频里播放着灰蒙蒙的过往，激起像水蛭一样紧紧依附着我们的本能回忆。我还记得自己儿时总是在目不转睛地看些什么——我看的是那些在中国幸福安宁的时光。

我父亲说他当年就是个野孩子。"光着身子，浑身脏兮兮的。"他这样描述自己。"我过去老是好奇，总因为调皮被我爸打。可不像现在，"他一边夸耀道，一边把两根筷子直直插进嘴里，模仿着海象的样子，"现在我可是个严肃的职场精英了。"

"纯真年代"四个红光闪闪的大字映在电视机屏幕上。这个关于中国农村生活的短视频只有两分钟，但父亲每一帧都要暂停，给我们解释屏幕上是什么，或者开始追念往昔，就这样过了半小时——

从泥土里剥出一只知了。

孩子们急急忙忙地在地上捡刚爆出的米花。

男人从装满山药的地窖里爬出来，他的收获散落一地。

泥鳅在河床上打架。鸭子成群从路边走过。牛在田里犁地。

稻谷在车后堆起，比三个人还要高。

田野中央悄悄生起小火，烤着红薯，这一幕总让我们捧腹大笑。爸爸已经给我们讲了无数遍他那不断精进的技巧，可还是乐此不疲。

　　偷红薯的秘诀在于当场立即吃掉——你不能把红薯带回家去，因为父母一发现就会打你；你也不能囤着，因为其他同你一起去偷红薯的孩子会趁你不在时把它们拿走。所以你们跑进红薯地后就必须马上开始分工协作，当场吃光。

　　偷红薯的关键在于掩人耳目。两个男孩事先说好平分，分头去田间的两个地方生火。显然，他们得先挖好洞并且谨慎行事——万一火烧到田里，那就完蛋了。其他人则把洞整理好，搭起格栅，为生火烤红薯做准备。一切静悄悄的，只是偶尔有人咯咯笑出声来。

　　危险无处不在。要是被红薯的主人发现，你就只能空手而归。有一次，我爸没和他弟弟分享战利品，弟弟转手就向爸妈举报了他。不过至少在挨骂之前，红薯已经在他肚子里了。

　　我爸爸坚称他童年时从没挨过饿，每天至少有一顿吃的。即便有时他只能日复一日地吃红薯粉做的窝窝头，又黑又硬。

　　在视频里，几乎所有东西都是一个颜色。手、干草、黏土，它们被我记忆中熟悉的尘土包裹着。那是村庄的颜色，它哺育了我父亲。而我也曾和他一样，在那里光着身子脏兮兮的，赶着比我还高的山羊，用绳子逮麻雀。我们一起把鱼骨头吐到地上，爸爸会帮我咬掉鸭子的肥肉，我们一起给松软的白馒头涂上妈妈顺进行李的葡萄果酱。还有蝉蛹，简单烹调后就是一道美食。

农民的女儿会懂得这个道理：

只要你曾接触过大地，你就永远洗不掉指甲缝里的泥土。

另一次，我们坐在电视屏幕前。这次我们看的是韩剧《爱的迫降》，剧里讲一个分不清东南西北的韩国女人闯进了朝鲜村庄。她看见孩子们冲向爆米花叔叔；一头驴正沿街拉水；电通过复杂的临时装置涌进灯泡，学生才得以挑灯夜读。

在我爸爸眼里，赛珍珠的小说《大地》是唯一一本真切讲述他所熟知的农村生活的书。即使年代久远，那是他心中唯一一本值得被称赞的农村题材作品。现在，爸爸又从电视上朝鲜村庄的生活里找到了共鸣。这部讲述朝鲜的电视剧由韩国拍摄，加了英文字幕被传进美国，让这个读大学前从未见过电视的中国男人在故事里找到了自己的过去。"但他们都太干净了。"他笑道，"朝鲜的小村庄不可能这么干净。"

我们一边看电视，一边吃着微波爆米花。爆米花刚刚出炉，滚烫、油腻。我们是从开市客超市买的，一箱100袋，好似永远都吃不完。

我的爷爷是农民的儿子，他的爸爸也是农民的儿子，再上一辈同样。如果我们的祖上不是农民，我们怎么会偏偏选择扎根在这样一片土地呢？从我们家去最近的千万人口的小城市，也要一个小时车程。而我的奶奶同样来自农民家庭。

爷爷奶奶还是素昧平生的年轻人时，就走遍整个省——爷爷去上海打仗，奶奶则是个到处觅食的小孩。也许其他城市的树上还有树皮给他们啃。对于饥肠辘辘的人来说，煮熟的树皮已经足以下咽了。

现在我们家外面有一座小花园。就像家里用途多样的菜刀一样，它无所不能，馈赠了我们土豆、茄子、青豆、西葫芦、韭菜和南瓜。它是我爸心中排名第二的珍宝——仅居他栽种的荷花之后。他非要拥有一座花园不可。他要赞颂那些生长于土地的东西。

我读了梁鸿的《中国在梁庄》，麦克尔·麦尔（Michael Meyer）的《东北游记》和蔡崇达的《皮囊》，以及我所能找到的其他一切移民、学者或小说家的回忆录。美国文学的书架上满载着坚韧而真实的奋斗故事，故事里的人们出身贫寒，却目标坚定，在命运的打磨里不断重塑自己，最终成功给命运上了一课。我也在中国寻找类似的故事，打开那一扇扇窥见人类灵魂的窗户。

有太多故事以这样的语句开头："我们家很穷，但我们依旧幸福。我们没有挨饿，那才是最重要的。"

　　然后那些故事总是峰回路转，作者因而走向了不同的人生道路，最终得以坐下来写一部回忆录。他们已有了足够的资源、时间和外界力量，来书写自己是如何获得了这些资源、时间和支持的，写自己再也回不去那种贫穷、幸福但没有挨饿的生活。我想我也和他们一样。我翻到书中寥寥几段描写美丽田野或午后在庭院小憩的文字，渴望从中找到自己，但即便如此，我仅仅是在翻动书页而已。可我爷爷的爷爷呢，他识字吗？

　　农民的女儿会懂得这个道理：

　　当我阅读关于贫穷的故事时，我永远无法真正感同身受。

　　我是农民的女儿，但我不用艰苦劳作，因为我享受了别人艰苦劳作的成果。我是农民的女儿，如今只能眼睁睁看着祖辈们身体衰竭而不再流汗；我是农民的女儿，我能吃得起大米，得益于我那些栽种稻米的祖先所付出的劳动。

　　商人的女儿告诉我，他们家在动荡年代之前曾拥有过怎样的传家宝。学者的女儿告诉我，他们家的藏书已有数百年，书页间星光璀璨。艺术家的女儿告诉我，她们能够随口吟诗，可以轻易理解那些朗朗上口的四字成语。劳动者的女儿似乎没有这类东西可以炫耀。我们唯一拥有的，是那些与我们血脉相连的人。

　　裁缝的女儿告诉我，缝纫机里流过一个又一个小时，他们俯视缝纫机，而城里的摩天大楼也俯视着他们。工人的女儿告诉我，混凝、拖拽、搅拌的工序是多么孤独。而像我这样农民的女儿，在面对明亮、灼热的烈日时，只有赶快遮起自己的脸，背向阳光。我们是这两座庞大国家的女儿——我们吃下的每一口粮食都同时带着这两片土地的滋味。

　　作者简介：

　　席晓庆是一名中美混血的写作者，同时扎根于明尼苏达州和江苏省。她在一所美国大学获得学士学位，在一所中国大学获得硕士学位。在写作之外，她喜欢做手工、远足、（假装有耐心）烹饪美食。

家　屋

作者

Lexa W. Lee

翻译：葛明宁

（本文获第六声英文非虚构写作大赛三等奖）

　　隔壁的维姬说，这是她头一遭看见我父亲种的酸橙树结了果子。"他要知道了肯定高兴。"她又说。我的父亲于2016年10月去世。好几天了，维姬看着我艰难地清理车库，时不时地搭一把手。树上结的酸橙是微微的黄色，个头很小，却滋味浓郁。我和维姬都觉得这与今年圣迭戈雨水丰沛有关。

　　我时常想起我的父亲，不过，我实际上并不想念他。我俩很不亲密。他是那种觉得自己永远正确的人，我还是个孩子的时候，就知道其实并不是真的这样，但我要是顶嘴，就要被他说教，甚至挨打。这种事在华人的家庭里十分普遍，什么都得遵从孝道。

　　我的母亲呢，她正住在养老机构里，记忆衰退得厉害。她说，要到父亲的坟上去，送一些花。

　　"父亲没坟，妈妈。"我对她说，"他是火化的，我们只有他的骨灰。"父亲生前从没讲清楚他希望怎样安排自己的葬礼。我们华人很忌讳谈论死亡。

　　母亲提出，她要出门去呼吸一些新鲜空气。这挺稀奇的，她一般喜欢坐在室内，看着外头。哥哥和我便带她去周围转一圈。

　　她蹒跚着靠自己的助步器支撑着走路，一边悲悲戚戚地问我，死去的父亲会不会把她忘了。

　　我用中文向母亲保证这不可能："你们一共结婚63年，他想忘也忘不掉你。"我没再多话，自觉耐心不够，也不擅长这种礼貌。我的哥哥鲍勃没有吭声。他能听懂一些，但他已经把多数中文都忘记了，而且也没试过再拾起来。

　　母亲听了我的话，笑了一笑。我知道，在他们的婚姻里，两人几度希望自己从没认识过对方。父亲花了很多时间研究诗歌和哲学，母亲则需要有人与她闲聊，喜欢社交；在钱的问题上，父亲比较吝啬，母亲铺张，花钱如流水。这两人总是为着钱的事吵吵嚷嚷的，却一起生活了六十几年。

　　现在，她对他日思夜想。他走了几个星期后，她还主张我们找一个医生，给我父亲安装一个新的心脏起搏器，让他复活——没哪一位心内科专家能变这么一个戏法，也没有健康保险给这种手术买单。后来，母亲逐渐不再叫我们这么干了。但她还是说，我不肯给父亲装起搏器真是太残忍了。

这段时间我在整理他们的屋子，准备将它挂牌出售。鲍勃肯定没心思这么干，他也没这个本领。屋子里没开暖气，我每天早晨醒来都发着抖。房屋一共3000平方英尺（约279平方米），四处散落着四十年以来的无数碎片与残骸。壁炉坏了，室内温度约40华氏度（约4.44摄氏度），比室外还冷。我带的衣服不够，只能在他们的衣橱里翻找些能保暖的衣物，但哪一件都过于宽大——都是他们身体状况还好时穿的，在他们肌肉萎缩以前。

我像个考古学家一般仔细地翻看屋里的东西，显然，能找着很多文件——那种能勾画出我们人生脉络的材料。真的是数量浩瀚，我父母好像一片也不舍得扔。有各式各样的笔记，成堆的药方和病历，还有名目繁多的退税单、费用单据、发票、广告；一盒一盒的信纸、黄页、收据、账簿、已兑换的支票、未兑换的支票、注销许久的旧账户对应的空白支票，不同年代的贺卡；我母亲有时给一些她都不怎么认识的人送去大笔捐款，我找着对她表示感谢的短信；我看见，她还给运营开奖游戏的公司PCH

(Publishers Clearing House) 写去长信，声称自己理所应当中一次他们的彩票。几千年前，中国人发明了纸，眼下我可一点不感谢他们，一点也不。

我偶然翻到一盒1950年代的中文信件，一些是我父亲留在大陆的家人寄来的。我的中文不到通读这些旧信的程度，把握不住这些信里的往事，抓不住其中的细节。

在挫败感下，我只好请正好来美国探亲的亲戚田萍代我翻译。田萍平时住在台湾乡下，用的中文不算优雅。她读罢这一堆信后，沉思着说："我觉得咱们的爷爷奶奶会把海外子女寄来的衣物卖掉，他们还在信里罗列收到的物件，因为说不准寄出的东西能不能到他们的手上。"我和田萍阴沉地互相看着。祖父祖母在照片上瘦而憔悴，用疲倦的双眼盯着镜头，都穿着贫苦农民常穿的粗制棉袄。我的手指轻轻拂过他们的影像，心中哀叹：你们都是好人，怎么要承受这些？

田萍继续沉着她的圆脸，告诉我："你父亲往家里寄东西的时候，会把带子绑得很紧，手都勒出了血。"

我不作声。这件事我就不知道了。我父亲总是念叨，我们要节省一点，他每月要给父母寄钱，不过他不大提起他们，所以我们这些孩子知道得不多，无法体恤远方的老人。我父亲也没法确定他的父母是否真的收到了这些寄出的钱。我想着：我爸爸也是个好人，这些事他怎么不讲给孩子知道？

田萍读到另一位亲戚在1960年代写来的信，信是由一位身在香港的朋友转来的。"请寄一些油和糖，"她读道，"我们很缺维生素。上一批寄来的东西，到手缺了很多，不知道被谁截走的。黑市上能买到肉，但我们买不起。我们在试着自己种些菜，但有时太过疲累，做不得农活。有一些邻居已因肝病去世。"

"他们在挨饿。"我概括说。

田萍点点头，继续读："木材价格也高，做不起棺材。有些人用草席裹一裹便下葬……"

我们都沉默了。每一封信，一打开就是要吃的、要钱。

其他一些文件则是用英文写的，记载了一些关于我父母的我从未知晓之事——他们在金钱问题上的紧张和担忧，迁徙之路，就业，还有后来我母亲对我父亲的竭力照顾，即便她自己身体也每况愈下，还要揪着他到处求医问药——她一度想瞒着我，后来做不到了。

我还整理出好几箱底片和照片，它们原本散落在相册、盒子、抽屉、信件、口袋里。上面的人有些我听说过，有些没有。但一看他们的面庞，我就知道这些是我从未谋面的家人。在美国的、日本的，还有中国香港、台湾地区以及大陆的。他们各自又有孩子，不同支系的长辈，形形色色的亲戚，点缀在各样的婚礼、毕业典礼、节日、互相走动和度假上。

接着，我逐样发掘出我母亲的宝藏，一匹一匹的丝绸和天鹅绒，数目惊人的鞋子；没拆封的骨瓷器件、闪闪发亮的银制咖啡器具和茶具、插花花瓶、漆器、御木本珍珠饰品；金项链、银手镯、景泰蓝、珍珠母；玉石、紫水晶、钻石、珍珠、珊瑚、绿松石制成的戒指、胸针、耳坠。她还收集人造宝石制品，更是多得数不到头——样式繁多的花朵状耳饰和胸针；叮当作响的手镯。还有被单、毛巾、袜子——无穷无尽的袜子。按照她的思路，为什么要删繁就简，只买一两件白色T恤，而不是一口气买个一百多件？为什么不买上十几个电动削笔机和订书机？她有两个梳妆台、三个衣橱，前者装满小饰品和小礼物，后者堆积着好些没拆过的电器，多年前买的还挂着价格标签的衣物，十多件六十多年前在战后东京定制的中式裙装，还有她的仿貂皮披肩。在二楼的走廊里，我发现一大批父亲待洗的保暖内衣，脱下来便空放几个月。在那段时间里，我母亲对这些清洗工作也逐渐力不从心了。

然后，我发现了她的婚纱。我的胃被一股寒流击中，凭空地发冷。上一回我见到这件裙子还是四十年前，连同头纱和衬裙，一整套深埋在这个衣箱里。现在，衣服上的蕾丝已严重发黄。裙子肩部很窄，腰围更是看上去只有20英寸（约合51厘米）左右。我的父母亲曾经像所有的中国父母一般，希望我能结婚，给他们添几个孙辈。他们没能如愿。他们自己的婚姻令我对结婚这件事不抱期待。相反，我去当了医生。我瞪着这条裙子，不由得跪倒在地，抽泣起来。我拿这条裙子怎么办？

　　终于，我还是做了决定。收了眼泪，我站起来把裙子用衣架挂好，细心地整理过它的头纱和衬裙，拍下几张照片。我想着：抱歉了，母亲，我不能留着这衣服。我只能做到这些了。

　　至于我的父亲呢？他勤奋好学，留有很多书和笔记、一摞一摞的《时代》杂志和《新闻周刊》。他卖力地制作了一堆标有英语单词和释义的卡片，都用他标志性的拥挤的笔迹。可他的英语脱不掉那股外国气味。

　　清点完这些，屋里和车库里还有数不尽的东西。我没有雇人来帮忙整理的原因是，我有特别想找到的东西：我外祖父手写的书法卷轴和他收藏的中国画。1949年之前，他在日本横滨、中国台湾和香港地区都担任过总领事。除此以外，他的书法很有名。我有好些年都不知道母亲把外祖父的东西藏在哪里，她自己记不清楚，也没有差我帮她寻找，怕我把家里弄乱。我小时候见过一个人给我父母送来一幅长卷，打开可以看到形色各异的花朵。它到哪里去了？在一屋子的琐物里，我只想留下我外祖父的作品。

我花了整整两周找遍四间卧室、厨房、客厅、阁楼，占满车库三面墙的无数零碎，一无所获，只装满了二十个桶，要当垃圾或可回收物丢掉。我又拉又扯又举，翻过一个个盒子、包、行李箱、储物箱，里面装满了不同物件，从俗气可笑的到美好高雅的。我站在车库里，疲劳不堪，浑身沾满了尘灰，头和腰都疼痛难忍，指甲藏污纳垢，有了裂纹。我的体重从106磅（约48公斤）骤降至98磅（约44公斤）。一切都很糟糕，那笔财产仿佛消逝无影。

外祖父的艺术收藏本应该装在某个衣箱里的，那是它们妥当的去处。那几个箱子相当大而敦实。但它们不在里面。相反，我母亲用它们放自己的服装和衣料。几个比较结实的纸盒分别盛着书、餐具和花瓶。最终，我看向了角落里一个被压扁的盒子，这是车库里最后一个没有查看过的纸盒，它皱皱巴巴，看上去不可能容纳任何有价值的东西。但当我把半腐烂的纸板拆开，我发现里面是小幅的水彩画和油画、写生簿；以及一个狭长的盒子，里面是旧丝绸或纸张制作的、裱过或拓过的作品。虽然外层的纸盒状况堪忧，它里面的东西都没受什么罪。我精疲力竭地往脚下的一个盒子上一倒，笑出声来。我的母亲从来不喜欢自己的父亲，她父亲也更宠爱儿子们。也许把他的东西装在一个便宜的盒子里，是我母亲的一种消极抵抗。

我把长盒子带进屋里，小心翼翼地展开卷轴，一张一张摊平折起的纸张。其中一些是我外祖父书写的孔子关于道德的箴言，不过也有一张是他用优美的手笔颂扬酒的好处："万事不如酒。"还有一些画作，画的是山水、松竹，还有那个长卷，描绘着栩栩如生的花朵。我最看中的是一个绸卷，画上有一只鹦鹉，饥肠辘辘地盯着枝条上结的果子。我给鹦鹉起了个名字，唤它"诱诱"(Lusty)。

一个身在北京的表亲求我把这些东西悉数留存下来。我给他发了一张这个皱皱巴巴盒子的照片，还有其中的一部分内容。

"你得收着这个盒子。"他回复道。他自家的住处早已被塞得满满当当——这在中国十分寻常，高层楼房的公寓通常没有足够的储存空间。

"哈，我不要留着这些垃圾，"我回复他，"你要这破东西，就自己飞过来，拿回去塞在家里。"他在电话那一头沉默了良久。

不过，过了些时候他给我发消息："你二舅去世后，我们在他家里发现了藏着的黑胶唱片和外国杂志。你知道，要是给红卫兵看见，肯定要尽数销毁了，还得罚他。我想他是希望我们存着他的宝贝。我们也是这么做的。"

我想了想，却不觉得我的外祖父会把眼前这个脏污的纸盒子当做宝贝。我母亲从前总说，外祖父很享受在东京的生活，后来又说，他是被日本首相带入歧途的。母亲早先不会这么说话。岸信介是个著名的酒色之徒，又是战犯、日本历史上最腐败的政客之一，20世纪三四十年代，日本征用并虐待大量中国劳工，修筑军事设施，为珍珠港事变做准备。岸信介要为这些事负责任。

在我的印象里，只有外公又高又瘦的轮廓，他十分寡言，面上无甚表情，我们也不知道该对他说什么。他总是单独静坐着，吞云吐雾。因为政权更迭，外祖父失去了自己的职位和财产，他的一半家人都留在大陆。也许，在此之前他不是这般模样。无论他的儿子们如何崇拜他，外祖父确实不是个没有瑕疵之人。我怀疑他时不时地会遭到良心的拷问，并最终把很多黑暗的秘密都带进坟墓。

我母亲在中国买过一个棉制的口罩以隔绝灰尘和其他过敏源，现在我戴着它，又开始清理房屋二楼走廊上堆积了近四十年的一些纸盒。拆开它们，我又找到了十多幅国画。我看着这些画，回不过神来，感到了震撼。我和我的父母曾无数次地走过这些盒子。他们早就忘了里面装着什么。

　　这些画作在触手可及之处寂寞了四十年。盒子里有一些画框上掉下来的碎玻璃。我发现其中一幅画可能有数百年历史。还有几幅画，它们的作者更知名些，有画商出价数千美金，想要买去。他们说，有中国买家愿意买大家手笔的山水，尤其一些新晋的"土豪"想要买艺术品炫耀。我对此缺乏兴趣，卖了两张我不喜欢的画，不过留下了鹦鹉"诱诱"。"诱诱"是一只聪明且古灵精怪的鸟，不该与"土豪"为伴。我把"诱诱"和余下的艺术品送去了我租用的一处储存场所。

　　我父亲终其一生给我们一家带来的改变，都不及他去世前后来得大。即便他们都摔了好几次跤，我的父母都极不情愿离开这座房子。最后一次摔跤后，我母亲尖叫着威胁死也不想被送走，不想与我父亲分开。可最后，她只得带着受伤的脖子住进医院，父亲则进了养老院，他们经历了结婚以来最长的一次别离。经过此事，母亲才算是投降，愿意搬去看护机构。人到晚年，维持尊严是基本不可能的，循着假牙、尿布、痴呆、老朽、死亡的步骤，这一条下山路非常之残忍。

　　我母亲不分时间地点地闹情绪。我对她讲："希望你能走得平和。"她没懂我的意思。我已经离开自己新奥尔良的住处近三个月了，不剩什么好脾气。"我不想待在这儿了，"我说，"你往后一段时间看不到我。我有自己的生活要过。"

这话敲醒了她，她说："我明白了。"在那片刻时间里，她眼神清明，并没有眼泪。她的声线也保持了平稳。她并没有完全失去自己的心神。

"我这就走了。"我说。她哭起来，她总是这样。我走出门，没有回头去看。

外头又在下雨。在我父母寒冷而寂静的屋子里，我独自坐在旧沙发上，想起父亲的酸橙树，外祖父的画作，以及我母亲的裙子，那些照片、书信、书籍和纸张。我低下头，对这老房子说了声抱歉。

"我很抱歉他们这样忽视你，你却为他们遮风避雨了这些年。"我说，"我想来觉得气愤。"我猛地咽了一口口水，咬着嘴唇，又道："是时候了，你会找到新主人，他们会好好待你。"

这屋里有很多故事，我只知道一些，其他已永远地失落了。但这里承载着我家的大部分历史——有关那些很久以前就逝去的人们，还有现在的我们。在这里的每一处、每一间屋，我都被长辈们的照片、信件与其中的喃喃细语环绕。他们此前迁移去过许多地方、许多国家。即便我对我家族的先辈们所知很少，我们永远被血缘牵绊在了一起。而即使我可能将永远离开这屋子，我还携带着他们的一部分，去其他地方生活。无论我驻足何处，他们也在何处，那里都是我们的家。

作者简介：

Lexa W. Lee居住在新奥尔良。她出生在东京，父亲是一名前国民党军官，母亲则是一名中华民国时期外交官的女儿。她在冲绳长大，读大学时迁往美国。她在从医二十多年后成为一名医学作家。这篇回忆录参照的是她在父亲去世后写下的日记。

屠 技

作者　秦贵兵

翻译：秦贵兵

（本文获第六声英文非虚构写作大赛优胜奖）

那一定是一月份的某天下午，当时我上六年级。我放学回家，发现棚屋里的空气中充斥着某种阴险的意味，安静得让人后背发凉。我赶去后院猪圈里瞧一眼猪猪，却不见它白色的大屁股，只剩凌乱的干稻草窝——我们给它铺着抵御湖南北部的寒冬。远处角落里的粪堆看上去馊了，成了黑绿色——你可以根据粪的颜色和水分判断其是否新鲜。逃不掉的事情发生了。

那是头过年猪，但我有意无意忽视了这一点。我们在湖南养第一头猪时我大概三岁，我毫无关于那时的记忆，都是从父母和亲戚那里听说的。在养过年猪的前一年，我们有过第二只猪崽，只养了短短一个月。猪崽还未断奶时得了怪病，整个是橘色的，卖不出去，爸妈的朋友干脆把它作为玩物送给我。妈妈自己配了几把人吃的药喂猪崽，病居然好了，恢复了雪白健康的颜色。可就在好转后不久，它却被耗子药毒死了。我仍记得它瘦小的身体倒在地上口吐白沫的画面。我们几乎是自由放养猪崽的，像宠物一样，周末赶着它在树林里乱跑。我猜散养导致了事故，后来妈妈才为过年猪搭了一个圈。

爸妈没有告知我那天要杀猪，不知道是不是怕我难过。我觉得应该不会。毕竟，我才十二岁，我对一头猪的感情不在大人们的考虑范围之内。

那年春天，妈妈和一个云南邻居一时兴起，从街头小贩那儿买了一对仔猪。我们分到了头尾稍短的那头，我叫它猪猪。猪猪胆大，不怕砖瓦厂的孩子，所以我们都很宠它。那时，厂里还没有一个孩子养宠物，我们自己能吃饱就很幸运了。买下猪猪之前它就被阉了，我还太小，不知道它是公是母。

突然，我意识到了猪猪可能在哪儿，遂即冲到即将要搬去的新家，它在占据砖瓦厂好大一块地的职工宿舍楼里。我的心很痛，肚子空落落的，感觉有点像那次我的脚被蚌壳划了一条大口子。

新家的门大开着。外屋有刺鼻的猪油和大肠味。我不记得当时有没有人在我身边。也许我太震惊了，没注意到。猪猪闪着油光的身体被大卸八块，在松木餐桌上铺陈开冷却，我已经认不出来了。摆在正中间的是猪猪的头，眼睛闭着，嘴巴微张，舌头没了，鼻子上有穿孔。头旁边摊开的是肺，肺泡上有明显的斑点，闪亮的膜干萎了，白色的气管沾着血迹。心脏、紫色的肝和卷曲的尾巴在一个盆子里。丰厚的边油和蕾丝一样的肠油堆积在锡锅里。猪肚、小肚、外翻的肠子堆在筥箕里。

我来到职工宿舍楼旁食堂的坝子，地上有凝固了的血泊。就在这里，多年来我观赏过无数头猪被屠宰，想来我的痴迷是多么的残忍啊。我太了解屠宰的流程了。我能想象，屠夫锋利的尖刀在猪猪脖子上捅出个大口子，血汩汩地流，血放完后给它在木盆里洗个热水澡。它第一次也是最后一次洗澡。猪猪肯定受到了极度惊吓，被陌生人和我爸爸粗暴地拉赴刑场。它的血液凝固了，被制成了便宜的美味。

那天晚上，妈妈估算我们养的猪至少有三百五十斤重。成绩如此出乎意料，比猪猪的同胞仔猪至少重一百斤——它因患肝病几个月前被杀了。

"长成了一头大肥猪，还是还债。"妈妈不断感叹。

我尚且找不到语言表达心里的感受。

妈妈安慰道："晓得不嘛，我当姑娘的时候，喂个猪儿要两年才喂大，有个百把斤就可以叫肥猪咾。人都没得吃的，你说嘛。那哈儿猪的命都要长点儿。"

很快，骄傲覆盖了我的悲伤。每每我都会跟人吹嘘1997年我家在湖南养的那头大肥猪。那年近八个月的时间里，我和爸爸常常为猪猪挠痒痒，挠它温暖的胳肢窝、脖子和耳后。它侧躺着，充满着信赖，向我们袒露它最柔软的部位。尽管猪猪渐渐长胖了，却从未失去小猪时期的可爱，即便从圈中"越狱"去水杉树下拱块茎吃还是那么可爱。它不知"越狱"过多少次，每次只有爸爸才能哄它回圈。猪猪是只非常聪明的猪。

这些美好的回忆并不曾阻止我们在它死后的七个月里享用它的身躯制成的腊肉。那个暑假后，我回到重庆上中学。

* * *

我们就是这样看待盘中肉的。无论我们在牲畜和家禽活着的时候多么爱护它们，食材就是拿来吃的。我们关心牲口的福祉——妈妈甚至在饭桌上和我们分享它们的日常生活，像家人一样——当然，关怀止于收获它们的血、肉和骨髓的那一天。我们往往对剥夺动物的生命不加思考，虔诚的佛教徒大概除外；从传统上来说，动物权利不构成一个问题。

我们不仅吃牲畜，还吃宠物和新奇物种。几个世纪以来，外国游客总爱谴责我们吃狗肉的风俗，说我们不限于市场上售卖的狗肉，更把目光投向自家的看门狗。当然，有些人辩解说，杂交土狗——取了个玩笑似的学名"中华田园犬"——不算宠物。在二零零几年的时候，我遇到不少欧洲白人学生，他们在北京着陆的头一个月内就从人生清单上划掉了最想打卡的中国经历：到八达岭爬长城，逛动物园拍摄熊猫，以及寻找狗肉店。可惜在2008年奥运会期间，这些营业资质存疑的餐馆被迫转到地下，给他们造成了极大不便。

2012年夏天，在离开十四年后，我第一次回到了从小长大的湖南乡村，在我们喂养并食用了猪猪的砖瓦厂小住几日。我有两个叔叔仍在那里上班。有天中午，五叔接到请他吃饭的电话，午宴的噱头是"荷兰猪"，他说要捎带上我见识见识。当我发现荷兰猪是豚鼠而不是猪时，可是大吃了一惊。

并非说湖南人不吃老鼠——他们真吃。记得在1990年代末，一种叫"电猫"的捕鼠装置在南县乡间风靡一时，不少农户在房屋四周铺设一圈钢丝，通电后猎杀夜间出动偷粮食的害兽。老鼠一旦触电身亡，装置发出的警报好似猫叫，所以叫"电猫"。一个晚上的猎物往往一顿吃不完的，也不浪费，捕鼠猎人会将剥皮后鹌鹑似的啮齿动物做成腊肉，以备冬季食用。湖南人特别喜欢把各式肉类做成腊肉——猪、鱼、家禽，应有尽有，是湘菜的标志之一。

五叔骑摩托车载我赴宴，我在后座听他和朋友打电话，他们的通话给我一种感觉：荷兰猪像龙肉那样稀奇。到达小河岸边的房子后，主人直接请我们上桌。主人告诉我，今天的主菜曾是某个小朋友的宠物，现在被宰碎，煸炒，淋上老抽上色，和螺纹青椒小炒，无害无邪，就像家常小炒鸡肉。两只荷兰猪没什么搞头，净是脆骨头渣和紧缩的皮，味道与家鼠没什么差别，是有点耐嚼的野味。说实话，并不是很稀奇。我发觉自己反而更喜欢桌上的干锅黄骨鱼。后来，黄骨鱼作为湘菜代表走向了全国。

处理新奇肉类适当的方法也许是将其融入本地的饮食文化。让它不要过于新奇，才好上嘴。好比我们成功把小龙虾的吃法本土化。我小时候亲眼所见，小龙虾本是令我们头疼的入侵物种，蛀垮无数稻田和水坝，如今摇身一变成为夜市最受欢迎的国民夜宵。从2017年开始，德国持续遭受源自美洲的小龙虾入侵，消息直到2018年才传到国内，网民当时就疯了。可以说，我们都看着登陆德国海岸的小龙虾军团流口水。我们提出来的解决方案是敞开怀抱，不好意思，是敞开胃口：为什么不发"小龙虾签证"，让我们去把它们吃到灭绝呢?

在猎奇吃荷兰猪一年多后，我在密西西比念研究生，无比想念家乡美食，我告诉一位巴西朋友小炒荷兰猪这道菜。他和我一样想念家乡美食。他是个地地道道的巴西人，对我们把豚鼠剁成小块埋没在辣椒里的做法非常不感冒。为了向我展示对豚鼠唯一尊重的烹饪方式，他用谷歌搜索了"烤豚鼠"，页面上缓冲加载了大量照片，图片中烧烤架子上摆满表皮焦黄的啮齿动物，嘴张得老大，牙齿龇出来。

我对豚鼠的大小感到很惊讶，比我想象的要大得多，因为在传统的中国菜系中不太常见全须全尾的牲畜。屠宰意味着肢解，让人想起孩童时读过的庄子的寓言故事《庖丁解牛》。不知道为什么，烤豚鼠看起来有点熟悉。奇怪的是，我觉得看起来并不好吃。

"这是正宗的巴西烤肉。"我朋友保证，开始流口水了。

"看上去像烤兔子。"

我终于找到了相似之处。烤兔是我在重庆永川读高中时最喜欢吃的东西之一。"但这是豚鼠，不是兔子。"

"如果我冒犯到了你很抱歉，但是龇牙咧嘴的看上去有点瘆人啊。你怎么把这个放进嘴里的?"

"相信我。这是最好吃的。"

从2009年开始，我在北京攻读第一个硕士学位，经常犯肉瘾，一阵一阵的。老吃北外学生食堂，你也这样。每年大约两次，我都攒钱去学校后街不远处吃号称正宗的巴西烤肉自助；每人69元，如果没记错的话，是韩国烤肉自助价格的两倍，但有无限畅饮的巴西啤酒。我确信该连锁店菜单上没有烤豚鼠。挂羊头卖狗肉，奸商啊。

当然，与稀松平常的刺猬或蛇不同，吃豚鼠不是为了肉的美味，而是为了猎奇。除了风味、味道和口感外，新鲜感也属于咱们中国人美食体验的一部分。不然为什么有人要吃蝙蝠呢？还有果子狸？直到吃野味有传播病毒风险的那一天才遭算总账。

* * *

尽管如此，寻常的猪和家禽应该足够满足我们的口腹之欲了。我成长于1990年代的农村，很清楚农村人如何千方百计地养肥牲畜和家禽。这其中阉割是常见的做法。仔猪铁定要被阉割的，公鸡和不太下蛋的母鸡也难逃此劫。算一算就明白了。一只公鸡充其量重4～5斤，而没了睾丸激素和交配行为后，阉鸡能增重约2斤——同一副骨架上额外多出来的都是肉。

我盲猜是因为牲畜和家禽不再执着于配种后，会增肥，这是简单的行为控制。院子里不再有公鸡为了争夺交配权而打斗。每户一只公鸡就已足够，因为公鸡实在太吵闹、好色了。想想乔叟（Geoffrey Chaucer）的《修女牧师的故事》（*The Nun's Priest's Tale*）中那只名唤金嗓子（Chanticleer）的公鸡，它可是坐拥三宫六院啊。

有同理心的人可能以为绝育一窝尖叫的仔猪是一门需要高超技艺的细活儿。别这么肯定。在重庆，养草猪的农户顶多请一个阉猪匠上门服务。在坝子里坐下，阉猪匠提起小公猪的后腿，踩在它头上不让动，在一只耳后接种疫苗，一把捏住阴囊，一挤，搽点消毒水，刀片一拉——爆开的睾丸蹦出来，悬吊着，看起来有些无辜。手起刀落，睾丸被切除，然后再搽点消毒水。整个手术不到一分钟就结束了。一头小公猪沦为一头生猪。

切除小母猪的卵巢则更像是外科手术。阉猪匠用脚踩住小猪，在下腹部找准位置，涂抹消毒水，手术刀切口，宽度足够手指挖进去，扯出部分卵巢割掉。子宫完好无损，但发育迟滞了；萎缩的子宫入口爽脆，是广东人的心头好，称之为"生肠"。仔猪的尖利哀号令人于心不忍，在重庆丘陵地区尤其如此，回声响彻山谷。

对猪来说是一场惨剧，对旁边迫不及待的狗来说却是一场盛宴。

＊＊＊

在汉语的口语中，"肉"和"猪肉"是互通的。猪肉是许多民族的主要肉食来源。中国的猪肉产量占全世界一半以上，但直到几年前，大多数生猪都是在小猪场或农村家庭饲养的。由于瘟疫和价格波动，对于农民和猪场来说，养猪不啻于赌博。任何一场猪瘟都可能引发世界末日般的危机，比如2007年爆发的蓝耳朵病波及25个省。一项2022年的研究表明，猪肉的价格波动周期大约为35～37个月，被业内人士称作"猪周期"。

猪肉对民生太重要了，毫不夸张地说，维持猪肉价格稳定属于国家安全问题。美国有石油储备，中国有猪肉储备。2013年9月，知名企业双汇收购了世界最大的猪肉生产商史密斯菲尔德（Smithfield）。当时我还向美国同学炫耀了一番。

在我家乡重庆，猪肉价格的轻微波动都影响着普通人的日常生活。由于近年来猪瘟反复，我姑姑和表兄妹家养成了在冰箱储存上百斤猪肉的习惯，不得不说与我们追求食材新鲜度的传统背道而驰。我和妈妈打电话时，她常常会向我通报他们最新的恐慌性囤肉行为。

"又不是只有猪肉这一种肉。"我说。

"但是人些必须要吃肉的嘛。"

"可以吃鱼肉或者鸡肉嚜,对心脏还要好些。"

"你爸爸有肾炎的嘛,医生跟他谈,海鲜吃不得,豆腐吃不得。不吃肉哪个过得倒嘛?"

我在湖南和重庆的农村长大,在农家猪圈养猪的时代,这两地的生猪出栏量在全国都是领先的。两地都有闻名全国的腊肉就不奇怪了,而两地的差异则明显地体现在切割猪肉上,反映出各自菜系的特点。2013年,我在密西西比学习一年后对这一点深以为然。那时我想吃回锅肉,却在主流超市里买不到适合的猪肉,因为在美国,五花肉的标准做法是培根。每次去城里的亚洲市场我都一次性买许多囤冰箱里,还总舍不得吃。

记得在1990年代,我那时还在湖南乡下,村民们走大老远去闸上的市场买猪肉,就割二两瘦肉搭一丁点肥肉。猪肉切成细小片爆炒青辣椒,用中碗盛好端上桌,就是现在风靡全国的农家小炒肉。在分割猪肉时,湖南屠夫心中必须熟悉这种烹饪风格。

我们这些砖瓦厂的外地人总会笑话湖南人桌上的小碗:"恁个滴滴点儿肉,你们哪个吃得安逸哦!"

我们重庆人盛菜都用大钵钵,甚至搪瓷盆。最近深圳的一些网红重庆馆子上菜都用上竹篾筛和茶几大小的搪瓷盘了。

对于我们西南省份的人来说，湖南的屠宰风俗太精致了。随着地势向西，山越高，谷越深，分割猪肉越来越粗犷。在重庆和四川，一块年猪肉大约两掌宽，每块皮肉骨头俱全。你要是想去肉案子割两斤肉，最后肯定会被裁至少四斤。重庆农村的杀猪匠割肉时总会更加豪放，总想偷偷加塞一两块骨头。这就是为什么我们在家里不得不用大钵盛菜，肉吃不完得回锅好几顿，到最后肉都干了，我们却还说，回锅的肉入了味，更好吃。云南一些地区的割肉做法就更加大胆了。我记得我们邻居家的年猪是一整头猪切四块，确保任何一块都有一整条腿。他们这样腌制和熏肉。老天，他们房顶上挂的腊肉，看着那叫一个壮观。

* * *

我们似乎不屑于秘密屠宰牲畜。围观杀猪宰牛是很残忍，但这种公开难道不是对辛勤劳作的赞美吗？平心而论，孩子们从小被教育要珍惜碗中每一粒粮食，却似乎很少被教育要珍惜肉。农民伯伯或养猪户精心劳作，牲畜和家禽为了满足我们的口腹之欲而牺牲了自己（尽管并非自愿）。我们如果对此不闻不问，那就忽视了我们的业力，忽视了我们的生存仰赖于其他生命。

读博的时候，办公室有位香港同学坚称她从未吃过青蛙。怎么能吃丑陋又黏糊糊的青蛙呢？然而有一次，我们在港大校园里偶然发现一家正宗的湖南餐厅，她点了干锅田鸡。

我很疑惑，问道："你不是说过你不吃青蛙吗？"

"菜单上有青蛙吗？我点的田鸡啊，我很爱吃。"

"那你以为田鸡是什么？"

"一种鸡肉？"

"不是的，田鸡就是青蛙，或者准确说是美国牛蛙。"

"什么？我之前不知道哦。"

"以前你吃的时候，就没有想过这是什么肉吗？"

"没有哦，我妈妈从菜市买的，我从来没见过活的田鸡。"

好吧，不管怎么说，我们那天吃的干锅田鸡好美味。广东人喜欢称青蛙为田鸡，也许因为口感和味道相似？美国人评价这种新奇的肉时也老说"像鸡肉"。

* * *

在我们迁回重庆住的第一年，妈妈要去附近的住宅区收泔水。为了到达那里，她得爬一个小坡。在周末，我偶尔会主动帮她。就算我肩膀不会挑担子，我还是装模作样挑着水桶去小山顶上那一排土屋。收泔水时，面上清澈的水得倒掉，只留沉淀物。酸馊味、凝固的油脂以及肩膀上越来越重的担子都是值得的，因为我们养的猪会又肥又好吃。

然而，我不会再像对待猪猪一样把猪当作宠物了。

在重庆，我们杀猪的方式与湖南人很不同。快到年关，没有比杀过年猪更重要的事情了，在乡下这是过年庆祝的开端。我们通常选腊月里的一天，所以熏制的腌肉才被称为腊肉。杀过年猪要花整整一个上午，以独具特色的午宴结束。

在杀猪当天，我们在坝子边挖个临时火塘，口径能架36寸的铁锅。杀猪匠到了抽根烟喘口气的间歇，就可以点火烧水了。休息好后杀猪匠磨刀霍霍，亲戚则去圈里拉猪。猪惊恐地尖叫着，也许知道可怕的事情要来临了。等几个壮劳力把猪抬到一块石头上按住，杀猪匠提着刀上前果断刺入它颈动脉。丝毫没有回味这一刻的意思。血放水一样流入大铝盆里。

真正不可思议的是，平时听到的杀猪叫其实是在抓猪的时候，杀猪匠下刀子后猪很快就安静了，凄厉尖叫变成哼哼，然后喘粗气，好像为了挨那一刀，猪已经等半年多了，总算解脱了。如果猪儿长得肥，又没什么毛病，那它就"还债"了，好歹吃了那么多苞谷红薯——这就是农村人与牲畜之间的关系。

血流干似乎需要很长时间。杀猪匠和帮手们将不再动弹的猪拖到铺在锅边的香蕉叶上，那口锅通常就是煮猪食的大铁锅。先舀热水淋在猪身上以软化鬃毛，打整起来才方便。猪鬃和脏水一起流回锅里。与此同时，妈妈在小火上烫血旺。

像其他农村地区一样，在重庆杀过年猪当天亲戚要来团聚，用土话说叫"吃刨猪汤"，指的是那锅泥土、猪鬃、屎、尿、血和油脂混在一起的热汤。吃刨猪汤的主要规矩是趁卸下来的肉还温暖新鲜的时候，猪身上每一样肉都吃一点，主要菜式有血旺粉丝汤、猪肝汤、氽汤肉片、炒里脊肉、回锅肉和红糖炒肥肉。最后一道菜是专门做给杀猪匠下高粱酒的。亲戚们走时每人捎一块肉；几天后，他们杀了过年猪也会回赠一块。交换自家的农产品不仅象征着更加强了亲朋好友的感情纽带。

杀完过年猪后该腌肉了，开启忙碌的年关安排。腌肉的方法因地区而异，但不大，整个过程持续大约两周，其间我们那里会做香肠。趁重庆冬天罕见的大太阳天，我们取出脱去血水的咸肉，用清水洗净，挂起来晾干。

在重庆的农村家庭烧柴火依然常见，散发的浓烟非常适合熏腊肉。只需将晾干的腌肉悬挂在灶上方，就可免去专门架棚焖烧新鲜枝丫的麻烦。如果哪天想吃腊肉了，取一块下来把烟灰刷洗干净就行了。假如肉吃不完被熏了一年多，有可能会霉变，变质的脂肪吃起来"哈喉"——喉咙里感觉毛茸茸的，像猕猴桃过敏一样。外地人恐怕很难欣赏这种风味的腊肉。我吃过最老的腊肉是一条烤了两年半的猪脚，味道都不像猪肉了，倒不如说是臭豆腐调味的鞣革。

2021年底，网上有传言称，根据新颁布的法令，家庭个人屠宰生猪不再合法了。如果传言属实，吃刨猪汤这个独具特色的年终宴席将会消失。我打电话向妈妈求证，因为街上的杀猪匠一直以来都是自己杀猪，而她和邻居都从他们的肉案子买肉。妈妈问了其中一个杀猪匠，恰好是我的本家同辈。

"怪不得肉越来越贵了。从去年开始，杀猪匠些都不准在个人屋头杀猪咾。"妈妈告诉我说。

我们街上的两位杀猪匠都从业几十年了。我小时候常常在山路上碰到他们赶着从村里买的生猪回家。杀猪一般在天还未亮的时候，以确保早市猪肉新鲜。在肉案子那里，我所有嬢嬢和叔叔都能通过颜色来判断肉是否新鲜，都可说是行家。如果颜色不好看，他们那天就买鱼吃。没人愿意买粉色的猪肉，尽管就算是买回新鲜的鲜红猪肉，他们还是会把它放进冷冻室里。

"他们像城头的超市一样去周边的屠宰场进猪肉唛？不可能哦。"我提出质疑。

"按规定他们必须把猪送到贾嗣的定点屠宰场去，只有在那里才办得到食品安全证。"

贾嗣离我家八公里远，隔了两个乡场。

"但是准不准在屋头杀猪嘛？合不合法嘛？"

"当然合法噻。你之平舅舅八月间杀了两个猪儿。我们一哈都去了，我还分到一块保肋肉。你梅姨娘买了半边猪去。她城头一大家子人要吃肉。"

尽管妈妈已经多年没有喂过年猪以备宰杀了，但我还是上网查了修订的法令，人称"史上最严杀猪令"。最新版《生猪屠宰管理条例》于2021年6月由总理签署并于两个月后生效。这是条例自1997年颁布以来第四次修订。查完之后我松了一口气。条例第一章第二条明文指出，"农村地区个人自宰自食的不实行定点屠宰"。

杀猪盛宴将得以继续下去。

* * *

重庆农村的活儿围绕圈里的猪和田里的稻谷展开。即使多年未养猪了，妈妈每年仍然栽种少量苞谷和红薯——现在用来喂鸡和鸭。我们对牲畜和家禽的精心照料，只有在宰杀和食用方面的讲究才可与之相匹配。况且，腊肉在川菜中占据特殊地位，是地域潮湿的气候决定的。

尽管如此，这并不能解释为什么所有其他动物也必须现杀现宰、趁新鲜烹煮。在我老家，冷冻猪肉遭人嫌弃，湖南风味的干鱼压根不存在，从美国肯塔基州进口的冷冻鸡腿和鸡爪只配卤制或者用泡椒腌制。

写到这里，我也许应该澄清一点信息。我来自重庆，但我出生在四川。如果不在地图上指出来，很难说清楚两个地方的差别。直到1997年之前，重庆是四川下辖的大都市，所以我们的方言和菜系有着相同的历史。但如果你一定要区分的话，美食是个很好的指标。或者至少，重庆人付出了相当大的努力打造自己的美食身份，突出火锅和江湖菜。

江湖是我们自封的地域特色，几乎可以说明一切：平民、粗犷、杂糅，最重要的是，激情浓郁的风味和香料使用。

如果你馋酸菜鱼，草鱼是理想的选择。白鲢小刺儿多，危险，最好是切块。鱼贩一般免费杀鱼，切片切块皆可，因为本质上，传统的江湖菜只有一种吃鱼的方法——汤中水煮，味道大同小异，也许只有本地人才能分辨出来。任何元素的微量调整都被视为创新。

诚如一位英国美食作家所描述，走一趟四川的农贸市场简直是浴血奋战。鱼类——主要是塘养的淡水鱼——在拥挤的水箱或大桶中游着，由空气泵保持活力。鱼贩用钉子做的狼牙棒把鱼敲晕，剖开丰腴的白腹，黑色内脏扔了不要，留下乳白色鱼鳔。将两侧的肉切片，头尾和脊椎切断做汤底。鱼的血量不大，但鱼腥味重。在冰箱普及前的年代，你最好回家把鱼尽快下锅，以防变味。

* * *

在国内，关于什么动物应该吃或不应该吃的争论越来越激烈。有时候，辩论升级为传统文化和舶来价值观之间的交战。许多年轻人养猫狗作宠物，而不是像我外公外婆那样养猫捉耗子、养狗看家。然而，吃狗或任何动物的负罪感并不完全来自西方。不杀生是佛教（当然，它最初来自国境以西）十戒的第一条。

有一年夏天，外公还在世的时候，我二舅药死了他家的看门狗。狗笨，咬了一个路过的孩子，我们当地人认为狗开了嘴就没法闭上了。所以，我们在三伏天来了一顿狗肉宴。当无法识别是什么肉的块状物在锅里炖煮时，我外公喃喃地说，吃狗会带来业报（据说吃蛇会遭复仇）。然而，他照吃不误。

外公专门准备了一副祷辞："我在心中持戒；酒肉穿肠过，佛祖心中留。"也许他在召唤传说中的济公，那个不守佛教清规戒律的酒肉和尚却能法力不失。这个偈语可能会让外公稍安，但我怀疑他压根良心无愧。而二舅自己患有脊髓灰质炎，就没有吃炖肉。

作者简介：

　　秦贵兵为深圳技术大学英语教师，于2015年获得创意写作硕士学位，2019年获得英语文学博士学位。他主要的兴趣领域为小说，正在创作多篇短篇小说和一部长篇小说。

匿名十三年

作者 段文昕

翻译：Wang Jiyuan

（本文获第六声英文非虚构写作大赛一等奖）

一

　　坐在隔离酒店的床上，听着电视播放综艺节目的背景音，欢笑吵闹，永兰俯下身去，按了按自己的小腿肚。尽管已经出狱一个月，腿上仍然有镣铐的印记，她试着拍一张照，觉得很丑，又将照片删掉。

　　她记得那天判决完毕，走出新加坡法院，狱警将镣铐扣在自己的手脚上，沉重的铁环让她往下坠，就像电视上看过的情节。恐惧和忧伤涌出眼眶，这是她决定自首以来，第一次没有忍住，哭了。

　　判决书上，永兰的罪名是逾期逗留。2009年，永兰花一万中介费，办理了新加坡的旅游签证。抵达新加坡，她给自己定了一个新的期限：不回国，一直工作到被警察抓住的那天。一开始，她住在福州老乡的群租房里，屋内最多时挤过二十个人，大多和她一样，是没有身份的黑户。永兰的家乡福清——一个临近低矮青山和内海的小镇，于1990年代掀起出国打工潮。因受教育程度有限，又不甘于县城低廉的薪水，不少人选择用偷渡、假结婚、换人头（指借用别人的护照）等非法方式出国，他们将华人超市开进阿根廷，把按摩店扩张至唐人街，足迹遍布日本、韩国、英国和美国。

与永兰同屋的福建男人，一赚到钱便爱去喝酒，就像她曾经的丈夫。半夜回来，酒瓶砸在地上，哐哐作响。玻璃碎渣令永兰恐慌，她听到邻居报警了，于是赶紧收拾东西，赶在警察来之前离开。她按照过来人的经验，把别人的工作准证复印，再贴上自己的照片，试着去租本地人放出的房子。房东不放心，核实出身份是假的，永兰再次搬了出来。如此折腾三四趟，后来，她认识了一个胆大且缺钱的马来西亚人，他的女朋友和永兰是同乡，大家互不说破，便住下了。

因为没有工作准证，永兰选择做钟点工，不用查验证件，用手机沟通，现金结算，工资可观，危险更小。十三年来，永兰的日程几乎没有变化。她一周做十户人家，清晨六点起床，八点抵达雇主家开始工作，午饭是打包的三新币的海南鸡饭，她常坐在楼道间，在十五分钟内匆忙吃完，才能在下午一点准时到达另一户人家。

永兰的第一任雇主是一对中国夫妇，在新加坡从事科技工作，待人和善。他们的儿子也在新加坡长大、成家，待儿媳怀孕后，永兰便转到他们的新家，继续旧日的工作。

为了不暴露黑户的身份，大多时候，她会说自己是陪读妈妈或单亲妈妈，辛苦劳动是为了孩子的学费。到了年轻女孩家，永兰就强调自己是随丈夫来的，男人在身边。她称之为"善意的谎言"，说多了便习惯，但有时也容易混淆，有一回，她忘了自己是单亲妈妈还是陪读，在雇主前说错了话，回去后，她告诫同伴，谎话不要编太多，认准一个就好。雇主常常会被她们骗倒，直至警察打电话来通知，他们才恍惚地问："谎言讲得那么美，怎么会是假的？"

新加坡的热浪如海，缠绕不绝，人同被单一样晒着。从三十岁迈进四十岁，永兰发现自己变得更怕热，尤其在扫厕所时，白净的瓷砖映出她被汗打湿的影子，像云投下的阴影。朋友笑永兰笨，为什么不开电扇，一直对着马桶吹。她连说不行，这是在别人家干活，开电扇不就成了享受。到了春节，永兰还会把女儿寄来的家乡特产——鱼丸和紫菜送给雇主，再给小孩塞一封红包。

　　找她的人渐渐多起来。永兰曾给一户印尼人家做清洁，只去一次就拒绝了。她走进厨房，看见墙壁上粘附厚重的油污——他们爱炸东西的痕迹，气味很重，永兰擦起来太累。在新加坡的中国人，有许多繁琐的讲究，雇主警告她：小心家里的地板，是大理石的；别摸柜子上的包包，很名贵的。永兰的手连忙停在空中，心里默念一句："去你的。"有一回，她在熨衣服时烫出一个洞，女主人拉住她，说衣服是在香港买的，真丝材质，得赔两百新币。永兰上门，每回只收一百，她干脆搭上这次工钱，再也不来了。她很怀念在新加坡当老师的英国夫妻，总和她保留礼貌、合适的距离。每当工作开始，夫妇二人就会把孩子带到室外骑脚踏车，到结束时间再回来。有需要叮嘱的，他们便写张英文纸条放在柜台，永兰半蒙半猜，实在看不懂的，就带回去让男友杰哥翻译。

　　永兰和杰哥是在一场卡拉OK上认识的，刚到新加坡，女伴把认识的朋友叫出来一块玩。摇晃的彩灯下，男男女女，永兰显得比较沉默。第二天，她接到了杰哥的电话。杰哥是新加坡本地人，比永兰大12岁，他的妻子早年过世，留下两个女儿。杰哥有一家汽车修理厂，雇了一位马来西亚工人。杰哥在电话那头，问道:"我要养你,可以吗?"她愣了一下。

永兰知道身边两个女伴,都找了本地人作男朋友,这也是她们的生活支柱。她们备着两个手机,可以不留痕迹地和多个男人保持联系。曾经留学新加坡的女作家九丹,在小说《乌鸦》中写过被新加坡人称作"小龙女"的中国女人,她们的天地在夜总会、酒店、床单和浴室内。来钱快,也更容易被警察觉察。

永兰同意了两人搭伙过日子的请求,杰哥又问她需要多少钱,永兰算过国内家人的开销,提出要五千人民币。听到后,女伴笑她笨,说没有人像永兰这样,"一棵树上吊死",来新加坡还过安稳日子,直至2020年初,新冠肺炎席卷全球,大家又羡慕起她的安稳。

没有身份就无法进出医院、打疫苗、领口罩,她们的生存空间在不断收紧。永兰一边做工,一边打听打完疫苗之后的感受,并尽可能讲得真实细致。"打完没什么反应,"她这样对雇主说,"就是有点犯困"。

一条短信在她们之中流传,那是有工作准证的人的疫苗记录,上面具体有接种的时间、地点、种类,她们保存好,将姓名换成自己的,展示给雇主看。永兰还会把紧缺的口罩送给雇主,以表示自己也能从政府处领到。

2020年的早春，因为房东欠债卖房，永兰不得不搬离居住了十年的屋子。生活好像自那一日开始滑坡，变得剧烈而危险。

四月，新加坡颁布封城令，人们进入公共场合需要追踪码。商店、菜市场、百货公司门前立着保安和检测仪器，永兰无法进去。两个月来，她的餐桌上几乎没有荤菜，只有吃素，以及杂货店里卖的干粮、马铃薯、地瓜。她偶尔会去杰哥家住，让杰哥多买一些食物，顺便给独居的朋友送去。

街上巡逻的警察更多了，她将习惯的夜跑改成一周一次，晚上几乎不出门。

唯一不变的是做工，将口罩系紧，永兰仍旧是一家一户地跑。没想到连公寓也开始检查证件。她索性坐在门外边，看见推儿童车的人家开门，趁机跑进去。进入家中，永兰和雇主抱怨几句："今天又查我，好严格啊。"

杰哥的小女儿是护士，偶尔会回杰哥家住。2020年9月29日晚上，永兰做了三菜一汤，三人围坐着吃饭，永兰发现杰哥的女儿有些咳嗽。睡前，她敲开杰哥女儿的房门，提醒她注意身体，还递去一杯热水，就像往常平淡的夜晚。

次日清晨4点，杰哥的女儿打来电话，说自己确诊了，按新加坡的政策，永兰和杰哥需要居家隔离。

　　家，这个词对永兰而言很模糊。永兰考虑了四小时，觉得无处可去，决定要自首。同时，她清晰地感到，无论是回去还是留下，自己都会后悔。

　　假如，永兰想过许多可能。假如她在杰哥家隔离，即便感染了也无法进医院治疗。假如她去移民厅自首，或许有接种疫苗的机会。疫情爆发以来，白天的警力也在加强，她们建的许多微信群，不断因为共同好友入狱而解散、彼此删除。有个朋友被抓到遣返回国后，劝永兰去自首。

　　"去自首，起码还可以穿得漂漂亮亮的。"朋友说道。

　　九月的新加坡，偶尔飘来很短暂的凉意。下午，永兰挑了一件黑白条纹衫换上，横竖看了看，也没觉得多漂亮。她的衣服都是儿子从国内淘宝转寄来的，整理过后，又扔掉不少，最后只剩下一个行李箱，再加上一个背包，像一名简单、轻松的游客。

　　在进移民厅前，永兰和家人拨了一通视频电话，母亲、女儿、儿子，浓缩在屏幕的四方格里，永兰简述自己的决定和安排。女儿从她尽量保持的冷静语气中，听出一丝死亡的寒意。女儿哭了，让她拍一张自己的照片。永兰打开了美颜相机。

　　她的身形清瘦，大概是因为坚持跑步。眉毛理得很纤细，双颊饱满。黑色口罩上方一双眼睛明亮，仿佛被水洗过，安静地看向家人。

二

被送进樟宜女子监狱前，移民厅的长官向永兰抛来一个机会。一男一女站在审讯室，严肃地问道，永兰认不认识像她"这样的人"。他们早查过永兰的手机，还有几个没来得及完全删除的回信。长官问她，要不要来当警方的线人。只要以工作为名，把这些人叫出来就可以了。

永兰摇了摇头，说自己做不来。女长官换过温和的语气，说假如给她线人准证，能让她在新加坡正常打工，做不做线人？

男长官用英文窃窃问道："有这样的准证吗？"

永兰接着问："有吗？有假如的吗？"

男长官很惊讶："你会讲英语？"

永兰说："我不会，但你们就是这个意思。"

女长官只好承认，确实没有这样的准证，不得已让永兰出门去了。

她知道做线人的诱惑力，有人拿到十年的工作准证，不必再为身份发愁。有人拿了八千新币，附加一张回国的机票。但她也知道，自己的好朋友就是被线人举报才抓进去的，在监狱内感染了新冠肺炎，至今仍没有治好。

做完核酸检测，永兰需要先隔离十四天。她领到一个箱子，里面装有牙刷牙膏、一块香皂、两卷厕纸，这是一周的用量。狱警还给每人分发一张草席，两床被子。每日清晨5∶30，她们起来整理床铺，轮流洗澡，穿戴整齐，等待长官巡房。到了晚上九点将被褥铺好，再等待检查。盒饭按点从门下的窗口递进来，大家席地而坐，吃完再递出去。后方用隔板挡住，形成一方卫生间。

监狱里，永兰认识了林姐，她们有共同的好友，共同的家乡。隔离间内，有新加坡阿姨、印尼女孩、印度女生，五人语言不通，都显得有些沮丧。

唯有林姐是快乐的。逾期逗留的十四年六个月，林姐通过放贷款，攒下两百五十万人民币，她待够了，很轻快地到移民厅自首，随身行李多得让打包的长官发愁。林姐手一挥，大气地说，回国之后，要请全村人吃自助餐，再买几件好的大衣。

看印尼女孩长得美，林姐想让她当儿媳妇，拉永兰来作翻译。她用仅会的几个英文单词问女孩："林姐有很多money，你要不要嫁给她的son？"不知道怎么表达金额，永兰写了个二，加上许多零，五人笑成一团。

　　林姐又问，印尼女孩怎么会到这里来，犯了什么事。女孩不语，林姐再去问别人，众人沉默。

　　永兰拦住林姐，说："林姐，每个人到这里来都有她的心结，不要再问了。"

　　约莫到了第十天，印尼女孩才开口，说自己做女佣，在雇主家遭到虐待，所以想去报复小孩，结果被摄像头拍到，于是被关进来。

　　隔离期满，永兰发现自己没有感染的症状。随即，她被换到监狱的四人间，她惊喜地看见，林姐和自己在同一个房间，她刚想庆祝两人的重逢，一位坐在旁边的老太太，做出缝住嘴巴的动作，又一个人开口了，用英语解释道："少说话，不要问。"

　　永兰看出来了，那位老太太，应该就是监狱里的"大姐"。

　　大姐是一位娘惹毒枭，在狱中已经待了四十年，狱警很照顾六十八岁的大姐，常常会来她们房间问候，有事情一叫就到。大姐身旁是一位马来人，身形很胖，信奉伊斯兰教，常窝在一角念词、做礼拜。

　　永兰私下和林姐商量，她们初来乍到，不如承担打扫的责任。由林姐拿饭、抹地，永兰打扫厕所。永兰还会顺便把大姐的拖鞋从门外拿进来，再替她拿出去。被林姐看见了，很生气地说，永兰太积极了，搞得自己也要这样做。

永兰耐着性子和林姐解释，算了，大姐年纪老，我们让着她。林姐没有擦干净的地板，永兰就拿出自己洗澡的肥皂，重新擦一遍。

让一点，再忍忍，永兰总抱持这样的态度。在新加坡的十三年，她看见太多破碎的生活，混乱的感情。永兰的同乡阿敏，因为没有钱，不敢离开酒后施暴的新加坡男友。陪读妈妈阿芬，在新加坡待了二十三年，在工作的菜场感染了新冠，一天下午回到家，阿芬发现房东把她所有的衣服都丢到门口。她只好自首回国。永兰也有快要忍不下去的时候，尤其当她和孩子吵架，隔着手机，怒气就快突破那层束缚的、名为母亲和长女的道德薄膜，她说自己明天就要拎着东西回国，永兰话音一落，电话两头的人都安静下来。

十三年过去，永兰坚持在新加坡工作，直至为家人买下一套商品房，供女儿出国留学，儿子即将大学毕业，日子似乎有了希望，就像她擦过的地面，变得更加明朗。她正打算再攒一些钱，却走到告别的时刻。

高中辍学的永兰，在监狱里读了四本书，她印象最深的是九把刀的爱情小说，情节起伏，里面的人物一会爱一会恨。每天，大家能出门活动一小时，那是她们唯一不用戴镣铐的时刻。监狱两层的铁门都被打开，永兰看见女人们身穿白色囚衣从铁门内走出来，一间间、一排排，又融成一团，淡绿色的墙壁上，影子重叠，又分开。公共电视上轮流播放马来和印度的影视剧，听起来很陌生。永兰还瞥见一个很像男生的囚犯，常常与另一女孩贴得很近，每当此时，狱警就大声斥责，叫两人分开，身边传来奚落的笑声。永兰渐渐明白，随后和大家一起笑起来。

查房开灯，睡前关灯，时间就在一明一暗中流走。十四天满，狱警叫她们收拾东西，准备出去。没想到，娘惹大姐忽然起身，送给永兰一个拥抱。大姐指指地板，比出称赞的手势。

在狱中二十八日，永兰学会说几句英语，例如向长官问候早午晚安，读手腕上的四位编号，喊到时要大声说Yes。直到她在移民厅听见别人字正腔圆地喊"到"，很响亮，她才醒悟过来。她小声问林姐："我们要讲中文吧？"反倒是林姐，摆出轻松的表情，让她直接讲Yes。

林姐说："现在学了不用，以后什么时候用？"永兰想了想，觉得很有道理。

因为户籍问题，永兰的护照始终办不下来，她在移民厅住了几天后，被暂时放出去，等待消息。林姐则在出狱两天后，踏上了回国的飞机。走之前，林姐问永兰回国的安排。

她想了想，说："我两手空空的，推个三轮车，去卖肉骨茶算了。"

永兰又想到，自己还不会骑三轮车，变得更沮丧了。

林姐很诧异地问："怎么从新加坡回来，还要推三轮车？当然是开小车。"

"你开小车吧，我骑三轮车就好。"永兰笑着回嘴。

她们这种人，没有身份的人，那么相似，又那么不一样。

从樟宜女子监狱出来之后，永兰觉得自己仿佛失忆了，变得很笨，很多东西都不会。阿芬女儿告诉她："没关系，我妈妈也是这样。"阿芬的指标已经转阴，回国隔离，留在新加坡的女儿，则尽力帮助母亲身边的朋友。回国的手续变得更为繁琐，直至11月16日，永兰的护照才批下来，她留在杰哥家，进行十四天居家自我监测，两次核酸通过后，她便可以申请绿码，登机回国。

这也是永兰在新加坡最后的十四天。倒数的日子里，杰哥变得很焦虑，凌晨四点便醒来。他拒绝了来修车的客人，收入几乎停滞。胃口也在减缩，打包回家的面吃不下，只能用吞的。永兰听移民厅的长官说，新加坡的政策变了，她还有机会重回新加坡，只要有人担保，给移民局写信。她决心回国后办离婚手续，迁出孩子的户口，把房子转到自己名下，再申请到新加坡的签证。但她始终无法对杰哥做出承诺，像他曾经那样。她不知道自己多久才能再到新加坡，三年，五年？她能抓住的太少。

临走前，她对杰哥说："我们来谈一场异地恋吧。"

2021年11月底，永兰返航，跨越海峡，落地厦门，她是第一个下飞机的人。入境的小黑屋内，海关问了她不少问题，她请求海关不要在笔录上写"非法"。

永兰说："大家都用逾期逗留，好听一点。"

"好吧好吧。"海关人员答应了。

直至12月，永兰结束隔离，终于回到自己的家。她看见自己买的商品房，小区崭新，一幢幢高楼从绿化带中长出来，围住天空。厨房的窗格中露出远方的山影，接近黄昏，灯光从山顶的寺庙倾泻下来，她曾在庙里祈福、祭拜。

似乎不太适应福建的冬季，回来后她几番感冒，变得很爱睡觉。家里添了一只叫春春的狗，瞥见生人会迅速地跑来。母亲做的饭菜较她在新加坡吃的厚重，她们坐在沙发上，于新年当晚拍了一张合照。永兰没有去卖肉骨茶，也没有急着去工作，她想休息了。

她还想到，该给十年前逝世的父亲上一炷香。不料母亲拒绝了，说要问问别人，合不合适。依镇上风俗，只有长男才能祭拜先祖。她愣了一下，两人的距离在光线中无限延长。

作者简介：

段文昕是一名小说和非虚构写作者，就读于复旦大学，学习创意写作。2022年她关于移民的小说获得了广州青年文学奖。

英文译者Wang Jiyuan是一名口译员，立志从事文学翻译。他在英国华威大学获得文学翻译研究硕士学位。

二十九楼

作者 Rey

翻译：方益、Rey

（本文获第六声英文非虚构写作大赛二等奖）

一

和爸妈一起生活的日子里，我印象最深的，是家里的天花板。那是一块用锡纸做的天花板，在夜晚的月光下，锡纸会变成银色的波浪。我躺在它下面，在爸妈之间，听沙沙的雨声从浮动的波浪中流出。多年后我才知道，那是天花板上窜来窜去的老鼠。

我们住在一间平房，离我爸妈工作的单位只有几分钟的路。他们那时刚从大学的冶金机械专业毕业。他们那代人比我们幸运的一点是，大学毕业能被直接分配到工作。于是，他们原本来自天南海北的两个人，一起搬到了南京城郊，就职于一家国有钢铁企业。

我们的平房共有两个房间。兼作客厅的卧室里摆着床、电视机和黑皮沙发，卧室外是餐厅和厨房，一端摆放着桌子，另一端架着炉灶和混凝土水槽。房子里没有厕所，白天，我们用附近的公共厕所，到了晚上，我们就用痰盂，去公共厕所清理痰盂是每天早上的例行工作。后来，爸爸拆掉了外屋的一面墙，腾出一小块地方淋浴，它看上去像一个方形洞穴。

我们住在五村，一个由职工宿舍楼和联排平房组成的社区。我们这一排的第一户住着一个读六年级的姑娘，她是个好学生，总在弹钢琴。隔壁还有一个比我年龄大些的女孩，她经常放学后来我家玩，但她的爸爸会骂她浪费时间。听妈妈说，他会罚她跪在地上。

跟我玩得最多的是一个与我年龄相仿的女孩。像她妈妈一样，她爱穿漂亮的裙子，甚至在大冬天穿着短裙在外面走。我们在平房前的小路上度过了许多个下午，常做的一件事是把白纸放在停靠在一旁的摩托车上，我们在纸上乱写乱画，模仿大人写草字的样子。

平房的对面立着一堵高墙，它的另一边就是工厂。工厂又大又蓝，有一根粗管子蜿蜒在空中，连接着不同的厂房。早上七点，工人们穿着蓝色的制服，骑着摩托车来上班。后来妈妈告诉我，那时的她总是第一个到单位，而爸爸总是最后一个，进门时嘴里还叼着个啃了一半的馒头。

因为到得早，妈妈升职了。很快，她开始在电话里讲起英语，所有的邻居都说："你妈妈能跟老外说话！"她有时回家晚，爸爸让我先睡下，他再出去找他的朋友们。有一次，他在我床边踱步，我要他别走。"我等你睡着。"他说。我又说了一遍："别走。"我闭上眼睛装睡，等着他走。我等啊等，终于，门啪一声关上，我睁开眼睛，放声大哭，让恐惧尽情释放。

那晚，每当听到钥匙转动的声音，我都屏住呼吸，却发现外面没人。最后一次听到动静，是妈妈走了进来，她手里拿着一个金发洋娃娃，是她同事送我的礼物。

有段时间，我们计划搬到六村，一个离工厂更远、条件更好的小区。爸妈说，他们在顶楼六层买了一套带阁楼的公寓。我一直向往有楼梯的房子，我说我想在两层之间修上滑梯，他们同意了。

但我们没有搬。有一次，好几天没见到妈妈，爸爸便带我坐车去了长江对岸的市区。那晚，我们一家三口住在高楼顶上的酒店房里。

妈妈去市里工作了，妈妈走出了蓝厂房。

二

妈妈就职的意大利公司将她调去了上海和北京。她带着我，爸爸留在了平房。

我对这些城市的记忆，统统留在了当地的幼儿园里。妈妈在外出差时，我就在幼儿园过夜。我逐渐学会了系鞋带和认时钟。到了傍晚，小伙伴们一边等他们的父母，一边看动画片，而我望着门口的大钟——当长指针与短指针连成一条直线的时候，妈妈就会来接我了。

她有时会来，有时不会。她的高跟鞋在楼道里哒哒响起时，我就飞奔出去。她最后一次来接我，是带我一同去机场。妈妈把我送回了湖南老家，在那里，我与外公外婆度过了接下来的几年。

妈妈的老家是另一个钢铁小城。"大跃进"期间，全国如火如荼地发展工业，外公外婆就在那时从农村搬进城。外婆在工厂做工，担任过乡长的党员外公当选了工会主席。后来政府出资为老干部在厂房附近的小山丘上建了一批公寓房，外公外婆出了一点钱，买下了其中一套。

从山坡上下来走几分钟就到了大市场，外婆每天都在那里买菜。清晨，农民们分散在街道两旁，把蔬菜和家禽搁在地上。我有时陪外婆一同去，路过倒挂的猪牛羊和鱼摊旁的血水坑。周围是各色各样的声音：母鸡咯咯叫、妇女们讨价还价、斩刀剁排骨、摩托鸣喇叭，扩音器里，小贩操着一半土话一半普通话奋力地叫卖着。

外公成天待在家里看电视。很多年来，他反复看同样的几部剧，以至于家里人都能将剧情倒背如流。有时，他会在屏幕前打盹，表弟便从他手里抽走遥控器。外公会突然惊醒，要回遥控器，还一脸严肃地说，正好到了剧情最关键的时候。

他最爱看讲红军长征的几部剧。士兵们在雪山上行军前进，用树皮与皮带充饥，即便看上十次，外公也抑制不住自己的情绪——他的鼻子红红的，嘴巴噘着，破旧的帽檐下，眼睛迅速眨去几滴眼泪。我和表弟互看一眼，捂着嘴窃笑。

外婆给我和表弟做好吃的，外公则带我们听故事。他常在半夜把我们唤醒，叫我们一起看喜欢的电视剧。他也爱讲故事，比如老鼠如何击败猫位列十二生肖之一，他曾如何在下山途中吓跑一只老虎，以及他和乡亲们如何在战争时期拯救了一名美国飞行员。他的故事总是轻松愉快，充满英雄色彩，他把真的讲得像假的，把假的讲得像真的，很难知道他讲的事是否真实发生过。

　　随着我长大，我开始让外公给我讲真人真事。他会分享一些家乡趣事，不过讲着讲着，注意力很快就会回到电视上。有一次，在我的追问下，他提到他的父亲因为没有盐吃而去世。他的眼睛还没来得及眨就转移到下一个话题了。

　　大部分时间，我都和我表弟待在一起。表弟小我三岁，是那时我最亲密的伙伴。和我的父母一样，他的父母也常在外面，但大人们说，他们不是在工作，而是在找乐子。表弟是个羞涩的男孩，面对长辈的批评，他总保持沉默，直到眼泪夺眶而出。我当时觉得，只有我懂他。

　　我和表弟喜欢在午休时间去阳台上玩，途中，我们得穿过外公的卧室。外公有午睡的习惯，为了不吵醒他，我们手提鞋子，匍匐前行，假装跋涉过沼泽地。但外公雷鸣般的鼾声会突然间变成尖细的哨音，我们忍不住咯咯笑起来。被吵醒的外公会用土话大吼："小心我把你们给丢出去！"

　　夜里，我们和外婆一起睡。外婆通常在邻居家打牌到十一点，我和表弟先睡下。我们挤在床的半边，以便给外婆留出足够的空间。在轻轻转动的吊扇下，表弟仰面平躺，我面朝他侧卧，不停地在他耳边小声问问题，为了让他醒着陪我等外婆回来。不过很快，我就会听到他的呼吸声变得沉稳，而我独自一人，等着听外婆开门的声音。

一天，我们正吃午饭，妈妈打来电话。她经常打电话来询问她父母和女儿的近况，可这一次，她告诉我们，她在上海买了一套在二十九楼的公寓。

"二十九楼？"我和表弟在餐桌上反复念叨，它超出了我们的想象。

"对，二十九楼！"

那个学年结束，外公外婆带着我和表弟去了上海。几周后，我和妈妈在火车站为他们送行。我们站在月台上，看他们从车厢里挥手。火车一鸣笛，我放声尖叫。很多年后听外公说，那之后的好几天，他心里都不好过。

三

打我出生起，我有过许多保姆，但直到和妈妈搬来上海，我才看到保姆融为街景的一部分。在上海，人们称她们为"阿姨"。公寓小区外的街上，随处都能看到一排店铺——面馆、便利店、房产中介，那隔壁，可能就有一群女人坐在一块聊天，她们身后的牌子上写着："阿姨"。

新家在上海的市中心。我们的小区不如附近其他小区高档，例如我们饭后散步时会经过的东方曼哈顿。但我们那儿也有一家保姆介绍所，阿姨大多是外地来的。有一段时间，我们雇佣了其中一位，她打扫房间，准备晚饭，这样妈妈一下班，就可以吃上热乎的饭菜。妈妈出差的时候，阿姨会在家里过夜，睡在客厅的沙发上。

她的工作并不令人满意，妈妈让她离开了，又找到了其他几位帮手：隔壁楼的家庭主妇，我同学的亲阿姨，以及那个在垃圾站工作的小区维修工的亲戚。但她们谁都没在家里待很久。

后来，妈妈的表姐来了。她来自湖南外公外婆老家的那个村子，近几年放下了自家的田地，去了广东的一家袜厂。我外婆，也就是她姑姑，打电话问她愿不愿意来帮我妈妈，她答应了下来。她来的那天，我和妈妈在市中心的地铁站外接她，摩天大楼之间，她提着两个硕大的麻袋从地下通道走上来。她扎着马尾辫，黝黑的脸上布满雀斑。

接下来的五六年，她都和我们住在一起。因为她是妈妈的表姐，也算得上是我阿姨，我就叫她"阿姨"。阿姨每天为我准备早餐，收拾屋子，在我的一本旧笔记本上详细记下家里的每一笔开销。

　　妈妈叫她"姐"，但在我面前谈论她时，她则改口叫"你阿姨"。她常说，"你阿姨有点懒"，"你阿姨不会做饭"。我们三人一起吃晚饭时，有那么几次，阿姨说了些什么，妈妈头也不抬地应了她。

　　阿姨睡在我以前的小床上，我和妈妈睡大床。妈妈不在家的日子，我就和阿姨睡小床。多年来，她一直用同一床旧棉被，很软和。在我闭上眼睛之前，我会问她："你可以等我先睡着吗？"她说好，然后我很快就会睡着。

　　即使妈妈在家，偶尔我也和阿姨睡，多半是因为我那晚惹恼了妈妈。有一次，可能我在吃饭时说错了话，她坐了一会儿，然后迅速把桌上的碗筷撤走，走进厨房洗刷。屋子安静下来，只有碗碟碰撞的声音。我屏息静坐，等她的叫嚷打破沉寂。

　　她大骂道，我把她当奴隶，一个活该受罪的奴隶，而我是个没用的布娃娃，虚伪、自私，眼睁睁看她像狗一样卖命。还小的时候，我畏缩在角落里躲她的拳头，她忍住没打我，但脱口而出的话像针一样，一下接一下地刺过来。我捂着头，上气不接下气地抽泣，眼睛紧盯着她那张哭喊的脸。

　　但不久后，我们中的一个就会道歉。妈妈把我揽入怀中，我们流着泪和好。有几次外婆看到妈妈发火，她会安慰我说，无论一个妈妈做什么，她都是为她的孩子好。

"你妈妈不容易。"只有我们两个人吃饭时，阿姨会这么说。我们促膝长谈过几次，我跟她讲我的朋友们，她说起她的儿子与丈夫。我告诉她，爸爸和我们分开了这么久，一定是他已经不在乎妈妈了。"但他们会一直在乎你的。"阿姨说。

对我来说，阿姨不只是我们家的阿姨，而我们也不只是她的雇主。但有那么几天，我从学校回到家，发现她坐在地板上看电视，一言不发。她简单地应了我几声，眼睛不曾离开电视屏幕。

"你怎么看上去那么无聊？"我问。

"我就是很无聊。"她说。

有时，她讲一句还不够，还会接着说，她感觉像在坐牢，恨不得立马回家。她的话让我很恼火，我反问她："说这些有用吗？"然后撇下她去学习了。

一次，我们在小房间里聊天，我被她类似的话给激怒了，拿起一支铅笔朝她扔去。铅笔击中了阿姨的眼睛，她哭了，这个五十多岁的女人在我面前哭了。我走回书桌前，留她趴在我的小床上呜呜地哭。

都怪她，我对自己说，都怪她的无聊。我痛恨她的无聊，痛恨到我无法忍受它被说出来——就在我家里，在这囚禁了她多年的二十九楼的牢笼里。

四

后来出国，我从笼子里解放了。几年里，我跨越了三个洲，移居的习惯似乎已经在我身体里根深蒂固。

但同时，我被一股往回的力量拉扯。我从没错过任何一个回家的机会，回我外公外婆的家。它像是我生活中的一个定点，从未改变——铁门哐的一声响，那是外婆回来做饭了。

表弟长成了一个大男孩，除了睡觉，他很少回家。一次他邀请我和他的伙伴一起出去玩，摩托车呼啸着穿过马路，停在一家酒吧前。这是很多年后我们第一次聊天，他说自己又分手了，说老师帮他们考试作弊了。他手里的打火机旋转着，嘴唇还像小时候一样红，慢悠悠地吐出一缕烟。

他的父母离婚了，外公外婆将他抚养大，我妈妈持续给予一些经济上的支持。餐桌上，外婆问起学校的事，表弟闭口吃饭。外公啜一口白酒，目不转睛地盯着电视屏幕。

我们在上海的公寓还在，尽管那些年妈妈总说要搬去更好的地方。一年夏天我回到家，发现家里已重新装修。旧家具统统不见了，我童年收藏的小物件与杂物一起堆进了新的储藏室。

我问妈妈还会不会搬，她问我为什么问，我说我只是好奇，她说机会来了就搬。还小的时候，我试图表达我想留下来的愿望，我担心搬家的过程中会丢了什么。会丢什么呢？妈妈说，她会把所有东西都收进箱子。我的多虑让她厌烦。

终于，我最近一次回上海时，妈妈决定搬了。在市区逛了一天后，她签下一份合同。新公寓更宽敞，却紧挨着一片废弃的工地，我并不看好，但妈妈已经下定决心——这是内环里为数不多的平价公寓，她看得到未来的增值空间。

我告诉妈妈，这次我不会再和她一起搬了，但如果我留下来，她就不能按原计划将公寓出租。"那你付我房租。"妈妈说。我知道，她也知道，这事本身和钱无关，但我还是说了句好。

有一次，我梦见自己从太空降落。随着我快速接近地球，陆地和海洋的轮廓逐渐浮现，包括我即将抵达的目的地，那公鸡状的中国版图。

我坐在云端的一张椅子上，没有什么把我绑在椅子上，也没有什么把椅子绑在云上，只要向前迈一小步，我就会摔下去，但不知为何，我没有摔。在我身后的是两个女人，她们坐在各自的椅子上，同我共享那片云。

就在此刻，公鸡的底部炸了开来。转眼之间，一个大洞覆盖了将近一半的土地，山峦河流都变成了黑色。我找到上海，它足够靠东，刚好落在了大洞的外边。

降落之后，我走进一所房子。与其说是房子，不如说是一个洞穴，里面光线昏暗，屋顶比我高不了多少。我和妈妈、外婆三人穿过一条狭窄的通道，她们想必就是和我一起降落的那两个女人。

我仍然困惑我们为什么没有从天上掉下来，我转过头问妈妈："我们怎么没摔下来？"她白我一眼，表示这个问题很愚蠢，我理应自己想明白。我好奇是不是重力救了我，她仍然不肯解释。

我愈发沮丧和气愤：凭什么她知道的我都该知道？她凭什么因为我不知道就看不起我？我的后怕被她讥讽，被她踩在脚下。我朝她大叫，然后抓起她的一只胳膊，使劲掐下去。

她一动不动地看着我，什么也没说，好像一切并不出乎她的意料。她任凭她的手臂被我掐住，我也没有放手，直至胸中的愤怒从我的手臂传到她的手臂，终于离开我的身体。

我坐了下来，外婆走过来，在我身边坐下。她搂着我的肩膀，用那种和善到近乎愚昧的眼神看着我。我不记得她说了什么，但她的眼睛在说：无论一个妈妈做什么，她都是为自己的孩子好。

注：为保护隐私，文中部分细节有所更改。

作者简介：

Rey是一位来自上海的写手，爱好创意写作。

作者

路明

萨克斯爷叔：消失的舞厅里，藏着上海的流金岁月

周鸣讲，吹萨克斯跟吃老酒是一样的，一个人没意思，要朋友一起，热热闹闹的，才有味道。他吹了快四十年的萨克斯，酒龄要更长一些。高音透明尖锐，像白酒；低音醇厚缠绵，像黄酒。啤酒一般不碰的，顶多拿来漱个口。度数低了，不够萨克斯。

朋友都说，周鸣酒品好。碰到酒局，周鸣的习惯，是上来先敬一圈。你随意，他干了，毫不拖泥带水。一圈通关打完，再给自己斟满，讲讲笑笑，慢慢攃菜，酒一口一口咪。

两年前，他跟几个老兄弟组了个小乐队：一支夏威夷吉它唱主角，一把电吉它，

一把萨克斯。有时朋友邀请，拉过去，老酒差不多了，搬出家伙，一曲《鸽子》或者"you are my sunshine"，气氛就上来了。朋友要给出场费，周鸣坚决不收。他在这行沉浮了几十年，风雨见惯，现在，是为自己。

这天，夏威夷吉它打电话来，说演出行程有变，司机有事去不了，需要周鸣开车子。夏威夷抱歉道，害你老酒吃不到。周鸣咧开嘴笑了，说，老兄弟，讲得我像酒鬼一样，不喝就不喝，一句话的事体。

他出生在大杨浦，上头有一个哥哥、一个姐姐。小辰光，从衣服、球鞋，到文具、书包，多是哥哥姐姐用剩下的。三年级，他入选学校乒乓球队，要求自备乒乓板。他跑去寻姆妈，讨五块钱。姆妈说，做啥。他把事情一讲，姆妈说，谁叫你打乒乓的，找谁要板子去。姆妈转身忙家务去了，他嘴一扁，没哭。他也晓得，爹爹一份工资，姆妈一份工资，养三个小囡，买米买油买青菜，填饱三张无底洞一样的嘴，每一分铜钿都要计划。可是他委屈，偷偷拿把螺丝刀，把姆妈自行车的螺丝调调松。到晚上，姆妈回来了，脸色铁青。赶上邻居来告状，把他踢碎窗玻璃的事说了一通。两桩事体并作一桩，一顿好打。

爹爹姆妈上班都忙，管不着他。那时候的小孩子，大多是散养。他读不进书，上学不背书包，课本卷一卷插在裤兜里，神气得很。不想听课了，就跑到杨浦体育场，看人家踢足球。老爹的教育，第一是做人要堂堂正正；第二是广交朋友，三教九流都得交。他听进去了。后来他才知道，爹爹解放前就参加地下党，做情报工作。单线联系的上级牺牲后，便没人能证明他的身份。爹爹看得开，懒得去争什么。那句话怎么说来着，为有牺牲多壮志。当初为之奋斗的，不是都实现了吗？比起死难的战友，这点亏又算得了什么呢？

　　街坊里有个小阿哥，比他大三四岁，吹得一手好竹笛。夏天夜里乘风凉，小阿哥竹笛一响，里三层外三层围拢。他挤在人群中，汗流如崩，听得入了迷。多年后他说，小阿哥本是音乐学院的料，可惜家里没条件。后来小阿哥轧了坏道，当"三只手"。因手指灵活，业务能力强，圈内有名。有一回，小阿哥在市百一店"做生意"，见几个外国女人买东西，上前一靠，轻松得手。出门没走几步，被人背后一把钳住。原来这几位是大使夫人，有便衣暗中保卫。便衣怒斥昏头，偷到此地来，损害国家形象，要判几年。小阿哥汗涔涔下，晓得这记祸闯大了。便衣压低了声音，放你一条活路，赶紧把皮夹子送回去，算戴罪立功。手脚清爽一点，要是被发觉，哼哼。小阿哥点头，手止不住地颤抖。商场叫来几个女服务员，介绍新产品，拖住大使夫人。数人掩护小阿哥，悄悄靠近，手指一松，神不知鬼不觉，把皮夹子放了回去。以上这些，都是小阿哥"出来"以后跟他们讲的。小阿哥忿忿不平，讲好戴罪立功，结果呢，该判几年判几年，一点优惠没有，娘个冬菜。

周鸣17岁离开家。大哥去了黑龙江，二姐进本市的工厂，轮到他，爹爹讲，小赤佬太皮，要锻炼锻炼，送他去了部队。他明白，老爹是怕他学坏。大杨浦工人子弟，拉帮结派，好勇斗狠，赫赫有名。控江、凤城、定海港路、449弄、高郎桥……讲出去，哪一个不是响当当，砸在马路上一个坑。他记得清楚，1976年3月2日，他胸佩大红花，告别了爹爹姆妈，敲锣打鼓声中，在沪东工人文化宫门口上的卡车。他对自己说，男儿志在四方，不许哭。狠狠地抽了一把鼻子。

军乐队缺人，领导看中他的机灵劲，推荐他去学长笛。或许是受小阿哥的启蒙，他自小喜爱音乐。以前吹个竹笛，得厚着脸皮跟哥哥姐姐借，如今有了自己的专属乐器，欢喜得跟什么似的。几年部队生活下来，长笛练得炉火纯青。复员后，他进了虹口区的国营工厂，过上了朝八晚五的生活。

20世纪80年代初，各类歌厅舞厅蓬勃兴起，需要大量乐手。

他东拼西凑，花了七百五十块（相当于一年半的工资），购入一把解放前的萨克斯，找人修好校好，又拜了师傅，闷头苦练。

怕吵到邻居，管口用女儿的尿布塞住，再把女儿耳朵堵牢。大热天，门窗紧闭，鼓着腮帮子连吹四五个小时，挥汗如雨，不觉得累。

当时市面上流传的，翻来覆去几首歌。碰到电台播放爵士、蓝调布鲁斯，他用磁带拷下来，反反复复听，记谱子。还有就是找老一辈，工部局乐队，百乐门"洋琴鬼"，冷板凳坐了多少年，他找上门去，香烟老酒伺候服帖。老头子心情一好，翻出老底子的谱子来。他喜欢听从前舞厅的故事，老头子跟他讲，做乐队，诚心正意，"生活"要清爽，人也要清清爽爽。夏天穿什么，冬天穿什么，有规矩，头发一丝不乱，对观众，也是对自己的尊重。这些话，他一直记到今天。

他有长笛的基础，进阶迅速，很快出了师。白天在厂里上班，晚上去舞厅吹萨克斯。碰到周六周日，连着吹好几场，一整天都晃在外头。

早场从九点开始，来宾大多上了年纪，白发苍苍，衣冠楚楚，旧时代的金枝玉叶。舞票看地段，曹杨、彭浦、控江地区，五块六块都有；碰到百乐门、仙乐斯、锦江饭店、上海宾馆廿三层，配冷暖空调、弹簧地板，起板三十。下午场以个体户居多。有一阵他在南京路"新欣乐园"驻场，两点钟一过，北京路五金店的老板们，排着队进来了。有时还带客户，曲子听听，洋酒碰碰，手握一握，一单生意谈拢。夜场分上下半场，上半场以舞曲为主，中间休息半小时，下半场可以点歌。十块或者十五块唱一支歌，有乐队伴奏，是高级版的卡拉OK。真正的精华是子夜场，十一点到凌晨一两点，有驻场歌星。场子里穿梭着卖花小姐，方便老板们往台上送花篮。花篮价格从二十、五十，到两百、一千不等。五千块叫满堂红，等于包下所有花篮，是顶顶有面子的事情。一声鼓响，主持人宣布，黄老板送上满堂红，祝咪咪小姐天天开心，永远开心。乐队高奏东方红，彩灯闪烁，纸屑飞舞，气氛达到最高潮。

周鸣说，吹喇叭也要动脑筋，碰到什么样的客人，吹什么曲子，什么风格，都要花心思。工厂附近的舞厅，开场要劲歌热舞，迪斯科，西北风，迅速把气氛带起来。中间穿插几支慢四，灯光调暗，舞池深处，人影摇曳。百乐门、仙乐斯的早场，最适合演奏怀旧金曲。等《五月的风》响起，底下的老头老太穷拍手，"像大餐出来了"。最后一曲，是周璇《疯狂的世界》，所有的人都站起来，跳起来：

鸟儿从此不许唱

花儿从此不许开

我不要这疯狂的世界

这疯狂的世界

什么叫痛快

什么叫奇怪

什么叫情

什么叫爱

这些老先生老太太们，过一阵子，就会少掉一个人，再过一阵子，又少掉一个。像一棵树渐渐凋零。欢笑一场过后，再也不见，是人世常事，不值一提。一次在百乐门，周鸣吹了一首《永远的微笑》，三十年代的老歌。曲毕，一位老太太噙着热泪走上舞台，硬是塞给他一张十美元。她说年轻时和丈夫跳过这支曲子，丈夫已经不在了。

周鸣记得，有个老先生，戴深度近视眼镜，拄拐杖，每回都是陪太太来，自己从来不跳。一次被朋友起哄，老先生唱了一首俄罗斯民歌《三套车》。一开口举座皆惊，嗓音浑厚饱满，是专业的美声唱法。多年后，周鸣又一次见到他的太太，没见老先生来。他对键盘说，下一支，《三套车》。冰雪覆盖着伏尔加河，冰河上跑着三套车……他看见老太太朝他微笑，随即低下头，用手帕拭去眼角的泪水。

有个姑娘，几乎每个周末都来周鸣的场子，十五块钱一支歌，连唱四五首。演出结束，还要请乐队吃饭，四川北路的西湖饭店，顿顿东坡肉、西湖醋鱼。那次姑娘喝了点酒，对周鸣说，你很像我的男朋友。周鸣不搭腔。后来知道，姑娘的男朋友去了日本，自此断了联系，"第一天看到你，以为他回来了"。周鸣说，姑娘长得是蛮好看的，也有人一旁怂恿起哄，但乐队有乐队的规矩，做人也有做人的道理。他帮不了人家什么，唯一能给的，是音乐。后来姑娘带着新男友来，开玩笑介绍周鸣，"这是我前男友。"

他从三块钱一场起步，渐渐做出了名气。行情好的时候，一天的收入可以抵厂里几个月的工资。家里没装电话，演出消息都是打到弄堂口的小店。守传呼电话的老头是宁波人，"周"发"救"音，一天好几趟，扯着嗓子喊，303室，救命啊！周鸣气得要死，救命就救命，后面那个"啊"可不可以去掉。

女儿上小学那阵，是舞厅生意最好的时候。太太也是工人，三班倒，轮到上中班，夜里11点多才回到家。周鸣接好女儿，夜饭弄好，带着女儿去舞厅。女儿在调音室里写作业，困了就趴着眯一歇。等子夜场结束，凌晨一两点钟，周鸣叫醒女儿，骑上自行车回家。有时舞厅比较远，骑到杨浦家中，要一个多小时。冬天，冷风刺骨，他给女儿套上滑雪衫，帽子戴好，再围上他的围巾，弄得女儿圆滚滚的，像一只小熊。他把女儿抱到后座，骑上车，马路空空荡荡，"老坦克"发出吱呀呀的声响。不一会，感觉女儿像睡着了，身子歪向一边，他赶紧伸出一只手扶住。得赶紧到家，他想，让女儿好好睡一会。可道路如此漫长。他更用力地蹬起了车。

八十年代中后期，"走穴"风行。周鸣跟着乐队，往北到过河南、山东，往南走到浙江、福建。歌手、主持人乘大巴、坐火车，乐队就跟着搬运道具的卡车走，兼任装卸工。晚上打地铺，直接睡在后台。一场演出下来，到手七八十块，一顿老酒就没有了，图个好玩新鲜。

演出大多安排在县城电影院或剧场，连演两三天，再换一个地方。开场灯光全灭，舞台两侧放烟雾，鼓声暴起，《万里长城永不倒》。一曲终了，音乐转为舒缓，在萨克斯《蓝色的爱》旋律声中，主持人款款上台，插科打诨，讲黄段子，介绍演出人员。随后的节目，有魔术、霹雳舞、健美操，最常见的还是唱歌。从《黄土高坡》《妹妹你大胆地往前走》到《故乡的云》《恰似你的温柔》，什么流行唱什么。

在安阳剧院，他们谢了六七次幕，多唱了八九首歌，依然抵挡不住观众的热情。也有意外，比如唱"西北风"，观众比较激动，纷纷跳到台上伴舞，场面就比较尴尬。有的歌手来自专业团体，习惯了美声或民族唱法，底下的观众不满意了，直接喊"下去"，要么点名要求唱《大篷车》，印度电影插曲，一边唱一边跳，露肚脐眼的那种。有的女歌手被嘘得狠了，含着眼泪把歌唱完。不能赌气下台，不然拿不到报酬。演出结束，早有歌迷买了香烟、白酒、烧烤，送到后台，或者直接请吃夜宵。又是一轮觥筹交错，大呼小叫，搞七捻三，宾主尽欢。

跌跌撞撞走在县城深夜的街头，路灯昏黄，照不清前路。他问自己，如此过这一生，愿意吗？想来想去，大概不会后悔。他告诉自己，要记住此刻。此刻正如潮水般退去。那是他的流金岁月。

到后来，走穴的队伍越来越多，大量草台班子充斥市场。"时装表演"盛行，一路走一路脱，最后脱剩比基尼，这个最受欢迎。尤其是来自前苏联国家的女模特，前凸后翘，一匹匹白色高头大马。越是穷乡僻壤，越是一票难求。进入九十年代，电视普及，录像厅、游戏房成为年轻人更时髦的选择。红极一时的走穴潮渐渐退出历史舞台。一个时代落幕。

大家都在说，舞厅越来越不好做了。城市飞速发展，到处在拆迁、盖新楼，不少舞厅被直接推平。剩下的，房租飞涨，勉强维持一段时间，关门了事。富人们有了更多的去处，下午场里，老板少了，下岗工人多了。一到时间，马路边停了一长排自行车。跳好舞出来，正好接小囡放学，回家汰菜烧夜饭。有的舞厅还增设早早场，七点开门，目标客户是买菜回来的阿姨爷叔们，票价一块五、两块。

变化同样体现在脚下。从前来跳舞的男士，考究一点的，喜欢穿南京路博步皮鞋店的头层牛皮小方，一九八几年的辰光，大概是四十一块一双；中档的穿烧卖头船鞋；再差一点，大不了"765"，猪皮面、轮胎底做的缚带皮鞋，七块六角五分一双，不管怎样，也是皮鞋。后来不对了，穿旅游鞋的、热天穿洞洞鞋的，也敢进舞厅了。上海人总归是讲究的，周鸣叹息，不讲究就不是上海人了。

那几年，周鸣和太太先后下岗，加上演出机会锐减，家里开始捉襟见肘。女儿读初中，正是用钱的时候。他没怎么为钱操过心，现在有些理解，姆妈当初没给自己买乒乓拍，姆妈自己也是难过的吧。

朋友在西宝兴路殡仪馆管事，想请周鸣去演奏，讲了很多次。他思来想去，犹豫了很久，还是去了。活不难，常规曲目是哀乐，外加葬礼进行曲。有时应对方要求，加奏《真的好想你》《好人一生平安》《友谊地久天长》。难的是过自己这一关。一开始心理比较抗拒，觉得自己怎么沦落至此。最怕碰到熟人，人家来打招呼，哦呦周老板，长远不见。恨不得一头撞死。时间长了，心态也就放平了。外面马路上，到处是四五十岁没了工作的男人，当保安，开出租车，卖保险，做黄牛，跑单帮，开馄饨摊，菜场刮鱼鳞，偷渡打黑工……怎么活不是活呢。

一位父亲找到周鸣，能否为早逝的女儿演奏一首《风之谷》，那是女儿生前最喜爱的曲子。周鸣答应了。他没看过宫崎骏，回家找来曲谱，又把电影细细看了一遍。葬礼结束，那位父亲拉着周鸣的手，久久泣不成声。那一刻，周鸣感受到了重量。他头一次觉得，这份工作是有意义的，是光荣的。思念化作音符，抚慰亲人挚友，还有比这更好的送别吗？

女儿长大了，考大学，毕业上班，结婚生子。不知不觉间，自己也老了。如今周鸣六十有四，在一家燃气安全方面的单位发挥余热。这座城市的舞厅几番洗牌，所剩寥寥，取而代之的，是新一代的酒吧、夜店、Live House。当年一起走南闯北的弟兄，也一个个到了退休的年纪。他还是喜欢萨克斯，空了便拿起来吹一段。旋律穿越漫长的岁月，吹曲子的人已是满鬓霜雪。

他想起来，有过一阵子，市面上最流行的歌是这样的：

阿里，阿里巴巴
阿里巴巴是个快乐的青年
芝麻开门芝麻开门哦哦哦哦……

那时的阿里巴巴，是一个故事里主人公的名字。他年轻、踌躇满志，站在未来的山洞前，等待芝麻开门。

作者简介：

路明生活在上海，是一名大学老师，也是一名非虚构写作者。工作与写作之外，他喜爱跑步、篮球和徒步旅行。

流寓的异乡人

作者

徐蕾

流寓的异乡人

1956年4月4日，一个中年男人带着沉重的行李，拉扯着两个少年穿过嘈杂的人群，从普陀区交通西路平江新村132号赶往黄浦江大桥。码头上人头攒动，锣鼓喧天，正举行着热闹的欢送仪式，带着大红花的人们脸上洋溢着自豪的笑容，他们在"志愿垦荒队"的锦旗簇拥中踏上渡船，汽笛声响，甲板上的人们与前来迎送的亲友挥手告别。这是琼华、琼明俩兄弟第一次离开上海，然而他们没想到，这一挥手便是与上海的永别。

"就像是一场梦，那个时候也多希望这

仅是一场梦。"65年后，已经是耄耋老人的琼华回忆起来，离开上海的情形仍旧历历在目，这一路而来的坎坷就像电影录像带般断续播放，有时顺畅，有时卡盘，跌跌撞撞到了现在。

据《市委关于加强本市户口管理与逐步紧缩人口的指示（草稿）》记载，1955年7月初，上海市委关于"紧缩上海"的指标中提出"根据可能的条件，有计划地移送本市原来从事农业生产的或可能专业的劳动力至外省进行垦荒"，并指示相关部门派专人到江西、安徽、江苏、浙江等地调查了解荒地及移民的可能性和条件。最终"地多人少"的江西成为上海大规模移民垦荒的首选之地。8月底，上海市委决定向5个专区移民9万户约30万人参加开荒生产。

"哥儿，你有机会去江西共青城吗？"这句话在人力车夫们的饭后闲余被问起时，是充满了羡慕与骄傲的。"有的有的。你们家呢？"琼华仍记得那段时间寡言的父亲开始爱和旁人说道，旁人看他们的眼神也不比寻常。

父亲告诉琼华，这是政府出台的一项关于农业生产的政策，鼓励青壮年响应国家的号召，前赴江西垦荒，组织起来的队伍就是"志愿垦荒队"。由于街道办多次以南昌共青城为模板进行宣传动员，因而在琼华的心目中，他们即将去支援江西农业建设，而且将来住的地方"楼上楼下电灯电话"，既光荣又有生活保障。

经过层层审批，琼华一家的申请终于得到了批准。其实与琼华一家同往江西的大多是由苏北逃荒到上海的贫民，他们拖家带口在上海的底层社会谋生，一辆三轮车或榻拖车即是他们的全部身家。

就在父亲将"志愿垦荒队"的证书和荣誉批条拿回家炫耀，琼华与弟弟琼明以为他们即将要摆脱层层平瓦的天空和满屋交杂的汗味与尘土味时，命运却悄然陡转。

1956年3—4月，第一批上海垦民在上海市交通局先后动员下赴赣移民垦荒，共计三轮车工1840户，连同家属9129人，他们分别被安插到江西奉新县、宜丰县等四县的农业生产合作社劳动。上海市运输公司同时期动员了279户榻拖车工人、码仓工人以及新组织的流散车工到江西武宁和九江两县垦荒。

从上海乘船出发，他们的最后一站是九江码头。在九江停歇的一天时间里，有些机灵的人感觉周围的环境不大对劲，就在九江偷偷地坐船回去了。

在江西，琼华这个16岁的上海少年第一次看到嵯峨连绵的山林。立于群山之间，他没有心情去欣赏异地景致，只觉得树林阴翳要将他吞噬。他埋怨父亲不知变通，这山沟沟的怎么能和上海相比？然而，琼华所不知道的是，那些看出了端倪，私以为半道折回上海就能挽回一切的同行者们，并没有得到预想的结果。

上海面对返回的垦荒群众也是束手无策，只能"加强思想政治工作"，随时解决一些实际困难。他们只能选择回原籍，即再次返回江西。

梦里不知身是客

据琼华回忆，这一年分配至江西省宜丰县的上海垦民大概有500户，每户平均4～8人。他们一家最终落户于宜丰县芳溪镇辛田村。

如今的芳溪镇辛田村后村处仍坐落着一排土墙瓦面的土坯房，灰瓦上遍布着绿茵茵的青苔，见证了时间的积淀。琼华带我们来到其中一间经过翻修的土坯房，悬梁的蛛丝和充斥着的木板霉味表明老屋早已荒废，屋内堆积着屋主曾经耕地用的犁耙、石碾子、风车等农具。可是，刚走进堂内，琼华便踟步不前，仅是凝视着颓败的土墙，小心翼翼地掸去墙上的杂碎，尽管这样收效甚微。良久，他才喃喃道："老房子太久不住人，都没了生气。当年父亲带着我们兄弟俩，推着板车从镇上走到辛田村里，也不知道走了多久。出发时天刚亮，到这儿已经日落了。"

那时的辛田村尚是四下荒凉，方圆几里的人家屈指可数，当地政府给垦民们分配的居住房是一排低矮的土坯房，一家三代人蜷缩在40平米不到的空间里是极为普遍的现象。拥挤、闷热、压抑，是琼明对新家的第一感受，但他并未如兄长般埋怨丧气。

其实琼明并非琼华的亲弟弟，他本生于南京市高淳县的一个官宦之家，也曾是不折不扣的小少爷。只是1948年的寒秋，随着祖父和父亲相继病逝、时局变化，偌大的一个家如树倒猢狲散，母亲又是二房太太，无奈之下带着他改嫁上海，只不过三年，母亲也因病离世……也许是从小颠沛流离，他对生活的波澜起伏有着超出同龄人的淡然，平日里沉于念书，对其余的事情几乎一窍不通。

"哐当……砰……"隔间再度传来继父收工后怒砸农具的声响，伴随着邻里的咒骂抱怨，琼明不免失望地扫视了这环堵萧然的房子，推开灰土沉积的木门，拂了拂发白的衣袖，偷偷带着课本躲到后山竹林背书去了。继父应允了母亲遗愿，无论生活如何艰苦都会供他念书，因而对他干活偷溜大多睁一只眼闭一只眼，兄长对他也多是怜爱，所以，在那些温饱不定的日子里，琼明愣是不曾下地种田、披蓑戴笠，只一人一书一笔念完了高中。

相比于琼明有机会专心念书，重返学堂是13岁的朱峰念念不忘却又不敢言说的心愿。

1960年，是朱峰来到芳溪塘头村的第四年，也是他离开学堂的第二个年头，作为家中的长子，他从小就主动替父母分担抚养弟弟妹妹们的重担，刚到塘头村时，父亲面对分配的田地毫无头绪，几番斟酌，还是选择了去县城的煤矿挖煤谋生，父亲每个月往家里寄回的三元生活费，都要被母亲精打细算到极致方能让他们仨兄妹勉强度日。

还在小学期间，他就因交不出学费而离开了学堂，辍学、干活儿、带弟弟妹妹，丝毫没有商量的余地。懂事的他没有哭闹，只是在四下无人时将一摞习字本埋在屋后的老樟树下，算是与自己的读书生涯告别，即日起便拿起锄头、扁担，开始一天的耕作。

朱峰坦言，其实一家人在上海的生活也较为困难，人力车夫作为上海底层的劳动力，并没有机会跻身大上海的繁华世界，大多数人只能在一江之隔的草棚屋里眺望着对岸的霓虹璀璨。10岁前，他住在中山北路南王家宅甲弄191号的改造棚户区，每天放学后和小伙伴穿梭在弄堂里捉迷藏，直到天黑被母亲训斥着回家吃饭；10岁后，他每天晚上都早早地把弟弟妹妹喊回屋，拴紧门，以防他们听到"鬼夜哭"而害怕惊恐。哪里会有这些怪力乱神？不过是城里人未曾听过的乡间夜晚里猫头鹰的啼叫罢了。

年底，凭借着吃苦耐劳的干劲，父亲由宜丰湖坑煤矿厂调往棠浦煤矿厂，这是一家几度辉煌的国营企业，从1960年代开始，棠浦煤矿厂聚集了来自全国各地的知青、民工，他们为国家建设和当地经济发展做出了不凡的贡献。父亲在棠浦煤矿厂稳定后，一家随之迁往棠浦生活，生活总算有了着落，只是朱峰再也回不到当年的那方课桌了。

不同于琮华、朱峰因生活环境的变迁而产生极大的心理落差，从小在芳溪镇简家村长大的吴鹏并没有从繁华城市流落至偏僻乡村的失落感。

吴鹏1957年生于上海，来江西时还是被祖母抱在怀中的婴孩，祖母原有两个儿子，但为了照顾年幼的他，最终选择和小儿子即吴鹏的父亲来到江西，大儿子仍居于上海。也许在年幼的吴鹏看来，一家人为什么总是吃不饱穿不暖，以及当地的孩子为什么不愿意带他玩才是最苦恼的事情。随着年龄渐长，上学需要填户口籍贯时，他才知道自己原是出生于上海市普陀区光复西路

2277弄18号的小平房，也是到了这时，他才意识到自己上海垦民的身份。

　　"小时候印象最深刻的，无非就是吃了上顿没下顿，一家人（四个人）一天只有3两米，大人都是留给我吃，我就耍小性子，看到他们不吃，我也就不吃，谁知道大人就是做个样子假装吃。"时隔至今，吴鹏还能在琐碎记忆中拼凑出长辈们的身影。其实大多数垦民们所面对的饥寒、被孤立都是在所难免的。农村里皆是靠种田、干农活来挣得工分换取粮食，但是生活于上海的垦民们平日连农田、山林都不常见，更不用说种水稻。再者，有些部门和地区为了动员垦荒而过分美化江西的农业生产环境，宣称赴赣垦荒是大机器生产，安置方式是自建合作社或国营农场，可江西的地貌是以丘陵为主的山地，贫瘠的红土地上只有为数不多的合适耕地，根本看不到农业机械化的可能性。

　　饥荒、水土不服、不务农桑是威胁上海垦民生存的致命困难。再加之1959—1961年全国性的粮食短缺危机，让垦民们原本就贫困的生活雪上加霜。吴鹏的祖母就是因为连续数日和着淘米水吃糠饼，导致肠胃不消化，在1960年的一天夜里胀气身亡。此后，吴鹏的父母硬着头皮开始学习种粗粮、摘野菜，吸取了无以计数的失败教训后，渐渐地，他们在分配的田地里种出了红薯、青菜。虽然水稻种植还是无从下手，但有了粗粮和蔬菜，吴鹏家的生活逐步有了改善。

　　而邻村的王道国一家就没有这么幸运了，他们本是一家六口（夫妻俩带着两儿两女）住在乡里，两个年长的孩子在县里念中学，夫妻俩带着两个小儿女在农村生活，全家仅靠他一人干工匠活儿糊口，妻子只能缝缝补补以贴补家用。有一天他在外头干活没及时回家，妻子就学山里人带着孩子去山上挖野菜蘑菇，可他们哪里识得这些野菜蘑菇是有毒还是无毒的，一股脑全煮着吃了。等王道国回到家，妻子和两个孩子就这样没了。更可怜的是，他连棺材本都掏不出，东拼西凑只得一副棺材埋了三人。

谁悲失路之人

　　自1956年迁至江西的上海垦荒群众，除了一部分返沪及外迁他省，其他人大多借助农村合作化运动的高潮，加入了江西当地农业生产合作社，这时其农民的身份才得以正式确立。虽然在客观上他们的身份实现了转化与重建，但置身于"素未谋面"的山林、荒地时，并非所有的垦民都能应对自如。至此，这群常年习惯以三轮车、榻拖车谋生的人力车夫们踏上了各自的人生道路。

"知识改变命运"是父亲常用来教育黄怡的一句话。而在她看来，这句话也是对父亲一生的最好诠释。1956年，还是婴儿的黄怡第一次踏上宜丰这片土地。半年前，不过而立之年的父亲卖了在上海的房子，下定决心带上妻子和三个孩子离开故土。落户后不久，政府就派年轻有为的父亲去县城学会计，父亲也不负众望，结业时以优异的成绩排名全县第二。诚然，知识改变命运在任何一个时代环境下都是通用的。从县城返乡后，父亲先后在生产大队、乡镇府担任会计，不薄的薪酬让身为外乡人的他们对生活的前景充满了期待，过了不久，家里还添了一个可爱的妹妹。

回想起当年的谋生之路，分配于黄岗潮溪大队南康小队的卢凤仪总是感慨幸好父亲还有一技傍身，否则，屋内是体弱多病的母亲，屋外是仅有的几亩荒地，他们的生活将不堪设想。谈到童年，卢凤仪最常做的一件事就是搬个小马扎，看父亲拿着推剪剃刀，佝偻着腰背，给过往的顾客剃须理发。

在20世纪六七十年代，每村通常只有一两个剃头匠，因此剃头匠在乡里还是很"吃得开"的，尤其是逢年过节，找上门的主顾更是应接不暇。但在平日，卢父还是需要走村串巷地讨生活，囿于特殊的地形地貌，蜿蜒纵横的群山使县内的村镇相阻隔，于是挑着担子走数里的山路去到各个村子成了卢父的日常。每到一个村子，他就安下挑子，先吆喝几声，等到顾客来了，就在盆里兑好热水，给顾客围上围布，开始剃头。也正是凭借着父亲剃头的手艺，卢凤仪一家在缺乏劳动力的情况下，过上了相对平稳的日子。

然而，除却少数有知识或者有手艺的垦民能够凭借一技之长另谋出路外，大多数的垦民为了生计只能选择最廉价的挣钱方式——当搬运工。

宜丰有"中国竹子之乡""南方红豆杉之乡"之称。它地处亚热带季风气候区，每年充盈的降水量及温和的气候环境孕育了大量天然的森林、竹林。

当年，芳溪搬运队就是在这样的环境中组建兴起，成为接纳廉价劳动力的大本营。佝偻着瘦弱的腰背，天蒙蒙亮就推着生产队的破旧自行车和同伴搬运竹木的背影，是吴鹏为数不多关于父亲劳作的记忆。

在芳溪搬运队穿梭的70%～80%都是上海垦民，其余的则是从湖南逃荒而来的游民。他们顶着炎炎夏日、狂风暴雨，徒手将沉重的木材、竹片运至烧木炭的车上。这种活跃于民国抗战时期，作为主要交通运输工具的木炭汽车，曾完成了抗日战争时期繁重危险的运输任务，为保障战时的公路交通运输作出了不可磨灭的贡献。但这种汽车速度缓慢，动力不足且容易抛锚，具有极大的安全隐患，因而，在1950年代后的中国大地上，烧木炭的汽车基本被淘汰了。

可是在1960年代的偏远乡村，人们明知不安全却因资金拮据，仍然不得不依赖于这类运输工具。也就是这种木炭汽车，让吴鹏一家从对重启新生活的期盼再度跌入谷底。

1964年12月的一个周日，父亲照例一大早就收拾干净匆匆出门，今天他要和五个工友一同前往芭蕉村装竹片。然而，为了节约时间和运输成本，早已破旧残损的木炭汽车的副驾驶位坐满两人后，后车厢又塞进了六个搬运工，当司机锁上后车厢的两片铁门时，六个搬运工生命中最后一抹不甚明朗的微光也就此湮灭。

当车行至半路，意外发生了。寒冬侵袭下的乡间小路崎岖湿滑，木炭车发生了严重的侧翻，伤亡惨重。由于时间的久远，我们无法得知当年的具体情况，知道的仅是几个冷冰冰的数字：九人同车，两人生还……

吴鹏当时才进入小学不到三个月，正当他活蹦乱跳地回到家想和父母分享今日的喜悦时，听到的却是母亲的哀嚎。那一日，他暗暗发誓，哪怕是每天独自上山砍柴、挑水也要凭自己的双手养活母亲，撑起这个家。

1969年，芳溪搬运队就地解散，搬运工们只能各自回村，另谋出路。失去工作的第三天，老解已然按捺不住了，虽然以往在搬运队拿到的薪酬也难以养家糊口，但好歹有个盼头，可眼下搬运队也解散了，家中还有嗷嗷待哺的小儿和正在长身体的大儿，内外交加的困境让老解一筹莫展。

"那个时候父亲什么都去做，早先在生产队劳动时，没有一年拿到了应有的酬劳，年年是'债主'；后来他想做小本生意，但'文革'闹得人心惶惶，谁还敢做生意？最后，父亲只能辗转各地贩卖小商品来补给家用。"据二儿子解华回忆，"失业"后的父亲常年奔走在外，难得回来也不见笑颜，言语间无外乎是吃穿用度。

作为土生土长的芳溪炎岭人，垦民二代解华在儿时很难体会到父亲绵长哀叹中的落寞。不同于从苏北或是安徽逃荒至上海的异乡人，老解当年在上海的生活也算是车夫中让人羡慕的，至少他在上海市中山北路2737号，有着将近80平米的一层平房，自己又是家中的独子，原本赡养父亲、照顾妻儿，对他而言并没有太大的压力。

但是为了来江西，他以百余元的低价卖掉了自己的住宅，带着父亲、妻儿落户于芳溪炎岭。看着每天入不敷出的薪酬他只有哀叹，政府每个月给的2~3元的补助远远不够孩子们吃饱，从上海带来的家产也一点点见底。

"父亲总是念叨，当年幻想着来到江西，不仅能够支持国家的农业生产，还能解决生活困难，如今倒好，连基本的生活都难以维持。"解华这样形容父亲当时的状态，"父亲的脾气就是那个时候开始变得愈加烦躁，身体也每况愈下。"

据《移民垦荒工作总结（草稿）》统计，当时上海三轮车工人每人每月收入20~40元，榻拖车工人每月收入50~60元，即便是流散车工，每月收入也能达到30~40元。而同时期的江西省农业劳动报酬全省平均每个劳动力只有8角，全年不足160元，远不及在上海从事"落后"行业劳动的收入水平。即使是安置条件最好的青年志愿垦荒队在德安建立的共青社，1956年，56个单身劳动力中，全年收入200元以上的只有3人，150元以上的20人，100元以上的17人，50元以上的13人，50元以下的还有3人。

如果说那段动荡的特殊时期给老解带来的是失业的忧愁，那么，对于琼明来说，却是一段充满遗憾的青春，这当中还承载着难以言传的苦痛。

1960年，坐在高三教室认真备考的琼明遭到了匿名举报，举报中声称琼明的继父当年在上海属于地主阶级。在那个风雨飘摇的年代里，地主、富农的帽子就相当于一张判决书，将你的前程、梦想判处极刑。

琼明知道，继父平日里总是不忘上海人的做派，即便是务农也要将头发梳得油光发亮，衣帽不整不出房门，这副模样自然与乡间披星戴月的农人格格不入，惹人怀疑。

但这不能成为被怀疑和"定罪"的理由，即便祖上是地主又如何，难道地主的后人就不能读书了吗？那时的琼明还是一派书生意气，隔日他就和几位同样因"成分问题"而将无缘大学梦的同学四处奔走，找老师询问，没用；找学校理论，无果；找政府解决，谁管你们几个毛头孩子？一连串的奔波，从期待到绝望，少年们无力地瘫在操场上，羡慕地听着教室里朗朗的读书声，他们只好背过身，悄然抹去那滴被时代挤压出的泪水，也许明天，也许后天，他们就要离开校园，为了生计而将梦想踏为尘泥。

渴望着能靠读书出人头地，谁知兜兜转转又回到了原点。虽然心有不甘，但已经成年的琼明只能向生活妥协，这些年为了让他安心读书，继父和兄长明里暗里背负了太多。即便名列前茅的他每个学年都能拿到助学金，未曾向家里要过学杂费，可"浪费"一个成年男子的劳动力在农村并非小事。

最终，琼明服从分配来到农村的一所中学做代课老师，教授国文。他在这一呆就是八年，在这里他收获了自己的爱情，组建了家庭，原本以为日子也将这般平淡地延续下去，孰料，十年浩劫再次打破了平静的生活。

1969年秋，正是"造反分子"势力明显渗入学校的一年。琼明无法忍受这种乌烟瘴气侵染学生们读书的净地，于是他愤而起之，告发了"造反分子"私自挪用学校资金的罪行，也由此成了被攻击的对象。接下来的五年中，他每天都在为这次选择而付出惨痛的"代价"——被污蔑棒打、被抄家，甚至眼睁睁地看着自己珍藏的书籍在熊熊烈火中化作灰烬，随风飘散……他仍记得自己每次挨批斗时，身高仅一米五几的妻子总是站在自己身边，高喊"不要武斗，不要打他"，替自己挡住无数的拳脚。

关于这段记忆，琼明至今也不太愿意提及，即便是儿孙们问起时，他也只以一句"苦日子都过去了，都过去了"结束话题。

1978年12月，中共十一届三中全会在北京举行。全会正式平反了一批重大的冤假错案。在1979年底，琼明最终也得到了平反，这对他而言是莫大的安慰。由于非正式编制教师的身份，讲台他是回不去了，最终政策落实后，组织将他安排至县城的木器厂工作，琮明和妻子收拾好行囊离开乡村，从此，一家人就在县城安定下来。

此心安处是吾乡

经过四十余年的跌打滚爬，上海垦民们大多已经习惯了宜丰的地域风俗，并在这个小县城有了立足之地，他们的子孙后代们更是全然融入这里的小城生活。然而，迈入二十一世纪，就在人们以为"上海垦民"这四个字仿佛要消逝于历史的年轮当中时，很多第一代、第二代上海垦民在半个世纪的沉默后发出了哀鸣。

《宜丰年鉴2001—2003》简略地记载了这一事件：自"上海垦民"2003年3月18日首次赴沪上访，"垦民"要求解决返沪户口、一个子女的财政编工作，解决其最低生活保障或每人由上海市给予5万元的经济补偿。

对此宜丰县高度重视，以县委、县政府文件形式向市委、市政府报告情况，请示解决办法，先后7次召开会议进行研究部署，制定了《关于预防和处置"上海垦民"越级越域上访工作预案》，召开了"垦民"代表会议。

由县委政法委牵头，调查摸底工作启动，旨在摸清"上海垦民"的人数、活动规律和"垦民"本人的具体情况及家庭情况。县委政法委先后两次派人带领"垦民"代表到上海咨询有关情况，至2003年底，上海市没有实质性的解决措施。上级要求做好"垦民"稳定工作，宜丰县多方面做细思想工作，争取"上海垦民"的支持和理解，确保人心稳定，各级组织切实关心"垦民"、帮助解决"垦民"生产生活中的实际困难。

亲身参与了本次信访的琼华表示，这一次的信访并非无事生非，是还有亲友在上海的垦民们被告知，1964年和他们一样被动员下放到安徽的垦民近年来在上海争取到了相应的权益，并得到政府的妥善安置。确认实情后，他们也希望当年来到江西的上海垦民们能得到国家的重视，并能获得应有的补偿，这才集体去了上海。

"最后的结果就是拿农村户口的，没有事业单位和退休金补助的垦民，每个月拿100元补助，每年都会加，到今年是每个月850元。"对于这样的结果，琼华表示自己能够理解与接受，"毕竟到了我们这个岁数，还能生活自理，又儿孙满堂，觉得一辈子也满足了。前些年儿子带我去了一趟上海，到处都是高楼大厦，哪里还联系得到曾经的亲友、找得到曾经的家？老伴、孩子们都在江西，他们在哪儿，哪儿就是我的家。"的确，无论生活条件如何，只要人在，家在，就是最幸福的。

和琮华一样已经将宜丰视作自己家乡的还有朱峰。自1960年全家随父亲工作的调任而定居棠浦后，他就在棠浦务农、组建家庭、养育子女，如今已然是一个地地道道的宜丰人了。其实千禧年后，国家出台了退耕还林的政策，垦民办告诉他，可以选择迁户口回祖籍上海。他没有过多犹豫便拒绝了，父母葬于斯，自己长于斯，儿女生于斯，无他，只因，心安之处是故乡。

在大半辈子历经坎坷的垦民看来，能够获得相应权益、与家人安度余生是他们的毕生夙愿。关于此，在乡政府任职多年的吴鹏还有补充，人民公仆的身份以及从小经历的那些艰苦岁月，让他能够俯身倾听百姓的心声，更为深切地了解他们的感受。"我是从来都不主张去信访去闹事的，我认为最重要的一点，就是大家要多换位思考，为官者要为垦民谋福利，替他们争取应得的政策，给他们带来生活上的帮助；垦民也要遵守组织纪律，能够有序地传递集体的想法。"吴鹏认为，相比于经济上的帮扶，垦民们同样需要来自整个社会的关怀。

蓦然回首，半个世纪前，上海垦民响应国家的号召，从繁荣的都市来到偏远的荒山野岭安家落户，开拓垦荒。他们凭借着战胜困难的顽强意志在江西这片红土地上坚持了一辈子，这一路而来的波澜和曲折，亦是他们生活的顽强和勇敢的体现。"50年代初创，60年代徘徊，70年代起步，80年代开始大发展"是他们走过的不同阶段，更是他们一生的成就。

尾声

在每一次交流的最后，大家都不约而同地谈到了"故乡"这个话题。想来，中国应是世界上最厚土重迁的民族，我们千百年来酿成的别离愁苦能将生活在这片土地上的任何一个人醉倒，但我们又无时不刻经历着迁徙、告别、远离故土。

在琼明心里，"故乡"是梧桐叶落下的季节，霞光染红了天空，石臼湖的螃蟹爬上了湖岸，祖母在院里弹唱着江苏小调，等着他的归来；

在吴鹏心里，"故乡"是上海伯父临终前的遗嘱，在生命的最后一刻，仍念念不忘要将骨灰葬于江西，要与自己的母亲、兄弟永远在一起；

在朱峰心里，"故乡"是妻子、儿孙的相伴不离，只要家人在一起，历经再多的苦难都将化作温馨的回忆……

六十五年前，上海曾是他们的故乡，而今走过了六十五年，他们再次回到自己的故乡，只因，此心安处是吾乡……

注：本文人物名皆为化名。

参考资料：

阮清华：《上海移民江西垦荒问题研究（1955—1956）》，《中共党史研究》，2014年第11期。

阮清华：《20世纪50年代上海城市人口安置策略研究》，《史林》，2019年第6期。

毕晓敏：《1950年代上海青年江西垦荒运动述略》，《青年学报》，2017年第2期。

闵小益：《二十世纪五十年代上海青年志愿垦荒队及其活动述略》，《上海青年管理干部学院学报》，2006年第1期。

《移民垦荒工作总结（草稿）》（1957年1月），上海市档案馆藏，档案号B168-1-872-1。

中共南昌地委：《关于请求拨发奉新县接收与安置上海市志愿垦荒群众费用的报告》（1956年7月5日），江西省档案馆藏，档案号X001-3-051-094。

团上海市委:《关于部分上海志愿垦荒青年跑回上海的情况和今后措施的报告》(1956年7月16日),上海市档案馆藏,档案号B25-2-11。

《市委关于加强本市户口管理与逐步紧缩人口的指示(草稿)》(1955年7月1日),上海市档案馆藏,档案号B2-2-10。

《1956年3、4月份动员三轮车车工去江西参加垦荒小结》(1956年4月底),上海市档案馆藏,档案号B25-2-9-73。

作者简介:

徐蕾是一名非虚构写作的爱好者,毕业于宜春学院汉语言文学专业创意写作班。2021年关于上海垦民的非虚构作品入选澎湃镜相"小行星计划"。

本篇文章的指导老师为宜春学院文学与新闻传播学院教师徐凌。

消失的八仙，远去的农村土葬

作者　嘉应

公交车到站了，赵易从公交上下来，外面的天空阴沉沉的，想到这次回家的目的，她抬眼向马路对面看去，那里是赵家的祖坟山，以前的。现在那里什么也没有了，除了二十几个长满杂草的方形地坑。

被迁走的坟山

2015年，江西省樟树市进行如火如荼的新城区建设，一片又一片的土地被推平，一座又一座建筑拔地而起，坟山便零落在这些水泥建筑之间，显得格格不入。

2018年，江西省人民政府颁布殡葬管理条例，全面推行火葬，随之而来的是大规模的迁坟。赵易父亲的坟墓也是在这一年被迁去松山上的。

松山是乡政府和村民关于火葬相互妥协的产物。

2018年9月，一条江西省吉安县执法人员为推行火葬使用挖掘机抢砸居民棺材的视频新闻在网络上热传，"同病相怜"带来的恐慌在樟树市农村地区盘旋。

"你大姨家那个歪嘴老头，知道吧，他棺材十几年前就准备好了，那木头可是真的不错，那时候我们说起吉安砸棺材的事情，他还说谁要是敢动他棺材，他就敢吊死在谁家门口。"原先村里的老人指着西北方向唾沫横飞地跟赵易说着，赵易大姨家就在那里。

在矛盾浮出水面之前，新闻先行一步，乡政府意识到使用强硬手段直接推行火葬是行不通的，于是召集各村的村长进行商讨，最终决定由乡政府出资，在距离嘉宇乡几十公里的白桥镇包下一块山头，也就是松山，想要土葬的村民必须埋葬在这座山上，不能再随意埋葬在名义上是"某某家的田或某某家的地"但实际是集体所有的土地上。

已经存在的坟地，则根据下葬的年限进行补贴，每迁走一座坟，乡政府给予迁坟人家600元到1000元的补贴。

赵易父亲的坟墓迁走并非是家里人贪图补贴，重新立碑的费用就远超出政府给予的补贴。赵易的母亲回忆说："不迁走也没有办法。李家村那边有坟没迁走，晚上碑石都被凿断挖走了。你爷爷、大伯、叔叔、你嫲嫲和我商量后，决定还是迁走。找了个吉日，就一起迁走了。"

2018年，父亲的坟墓迁走的那天，赵易从学校请假回家了。

二伯的坟墓和赵易父亲的坟墓一块儿迁走。二伯的妻子和儿子，也就是赵易的二嫲嫲和堂兄，还有母亲和赵易自己，加上一位"八仙"和他的徒弟，坟山处六个人，还有一辆小型挖掘机和一辆系着红飘带的三轮车。

这个"八仙"和从前的"八仙"不一样。事后母亲告诉赵易，这个"八仙"原本是李家村的人，后来独自出来，开了个小的殡葬公司，和政府签了协议，附近几个村子的坟全部由他帮忙迁走，费用由政府支付。平时哪家有丧葬也大多请他们过来，唢呐、起灵甚至哭丧都可以请到人，只要支付相应的报酬。

燃香，祭拜，开山。

赵易在墓碑前磕了三个头。听着一旁的"八仙"和徒弟说，"……可惜赵老三没个儿子"，还有挖掘机启动的声音。六年前，在这个地方，赵易跪在棺材板上磕了三个头后，送父亲的棺木落土。那时候一切都还是人力，无论是下葬还是抬棺，但如今在赵易面前的，是冰冷的挖掘机。

先挖开的是赵易父亲的坟墓，赵易父亲的棺木被抬了出来。盖好红色的毛毯之后，"八仙"拍了拍棺材，"这棺木，够重，好。"

赵易二伯父比赵易父亲早去世十几年，坟墓被挖开的时候，"八仙"说棺木底座已经脱落，没有办法搬运棺材。在"八仙"的指示下，二嬷嬷赶回家拿了一个陶罐和一块红布，然后"八仙"跳下墓坑"拾骨"放进陶罐，最后用红布封起。

父亲的棺木在厚重毛毯的包裹下被抬上了三轮车，旁边是红布封好的陶罐，在爆竹声和亲人的目送中，从这个距离家只有几百米的地方往几十公里外的山头迁去。

赵易看着渐行渐远的三轮车，一瞬间有些恍惚。

连迁坟都过了近五年了，赵易算了算，父亲去世的时候离现在将近十年。原来已经这么久了么？她原以为时间如水，一波波水冲上去，什么悲啊怨啊恨啊也都洗干净了，不料幼年时期的怨恨却像是雕刻上去的，洗了这么些年，倒是越发沉淀和深刻了。

难以反抗的习俗

不知道是从什么时候开始流传下来的规矩，这个小县城有这样一个习俗，在人将死未死之时，要请剃阴头的匠人梳理头发，有胡须的成年男子还需要剃胡须，寓意整整齐齐、体面上路。但是，直系亲属长辈不能给晚辈剃头，不然会折损自身寿命甚至带来不幸。

整个赵家村只有赵易爷爷一个剃阴头的匠人，所以这一房的晚辈若是去世只能到外村去请。然而，村里的人都说，"没有满六十岁去世的，都算是短命，短命的人啊都晦气，外村的剃头匠也会忌讳。"

长辈不能给晚辈剃头，爷爷拒绝给父亲剃头，赵易因这怨了爷爷赵老根近十年。

十年前父亲下葬的前一天，那天是周三，赵易记得很清楚。

那天中午她走到校门口等待母亲给自己送午饭的时候，听到门外有人在叫她的名字，是两个堂兄。赵易跟堂兄的关系算不上亲近，最多过年的时候见上一面。也因此，当赵易看到来人不是母亲的时候，她的心里便咯噔一声，脑子一片空白，她已经猜到是怎么一回事，但还是抱着一丝丝希望去确认。

"哥哥，怎么是你们？我妈怎么没来？"话说出口，赵易才发现自己的嗓子干涩得厉害。

"你爸爸在家等着见你最后一面，赶紧回家吧。"大堂兄用怜悯的眼神看着赵易说。

摩托车上风很大，眼泪都被吹干了。赵易回到家，看到厅堂摆放的冰棺和里面的父亲，眼泪瞬间落了下来，她大吼了一声，"不是说等我见最后一面的吗？"母亲过来拦住了冲过去的赵易，让姑姐带着赵易去收拾一下。

晚上，赵易麻木地看着院子里那一片喧闹的酒桌，听着男人们高谈阔论，"赵新算是短命，他的坟肯定不能挨着那些年纪大的人（的坟），也不能挨着没有直系亲属关系的女性"；听着女人们窃窃私语，"他命不好，倒是娶到了个好媳妇儿，这棺材木材好，听说要好几千块，她也是舍得啊"，赵易听得清清楚楚，她朝女桌瞥了一眼，然后走到父亲躺的竹床旁，呆呆地坐着。

不知道过了多久，赵易听到母亲的声音，出门走到母亲身边，看到母亲大哭着在和姑姑痛斥爷爷，"他真的好绝情，这是他亲儿子啊，我跪在地上磕头哀求都没用，我就是想让他给赵新剃个头，别让他去地下还要被当成野鬼。"姑姑有些难堪，"老爷子是有些不近人情了。"其实爷爷还在一旁，也听到了母亲和姑姑的话，只是一直在说着："不成，这怎么能成，哪有老子给儿子剃头的，不成的。"

陆续地，人都走了，除了第二天要抬棺的"八仙"，家里只剩下母亲和赵易了。赵易问母亲，刚才在说什么，什么叫"爷爷不肯帮父亲剃头"，母亲哭着说，"你爸之前就求过他很多次，去世之前让他来帮忙理个发，至少整整齐齐体体面面上路，但他就是守着他的破规矩，一点也不肯松口。"

听完，赵易沉默着搬了几条长凳放在父亲躺的竹床旁边，就这样和母亲一起，守了父亲一整夜，也恨了那不通人情的习俗和不通人情的人一整夜。

第二天，父亲的棺木下葬之后，母亲让赵易去请路上的"八仙"吃饭。走到半路，赵易看到了"八仙"正在将手里的肉和三角豆腐扔在小池塘旁边的桑树下，她往前继续走了一点，躲在一棵粗壮的柿子树下，听着这些"八仙"嘲讽地说，"短命鬼哪有什么福气，短命鬼的豆腐谁敢吃啊。"赵易知道他们说的是什么意思。

赵易跟着外婆"讨过饭"，她知道在家这边，越是寿命长的人越被认为是有福气的人，去世是"喜丧"，因此这家人分发的饭、肉和三角豆腐是福气，吃了可以沾沾长寿老人的"喜气"。但是因为习俗，没能长寿的人去世也同样要准备特殊的肉和豆腐，即便这些东西并不受欢迎。

赵易看着他们朝自己家里走去，蹲在树下哭了一阵，心里对于爷爷和"八仙"的怨愈发深重。当时的她并不明白，她的怨恨根源并不在于人。

父亲去世的那一年，还没有隔一个月，大伯母也去世了。那是一个周末，赵易和母亲在阳台上乘凉睡觉，凌晨三点多，楼下传来赵易大伯父的声音，哭喊着，"老三家的，英妹没了！"母亲让赵易好好待在家里，然后她跟大伯父一起赶往叔叔家通知。

伯母的丧葬上，矛盾又一次产生了。伯母是突发脑溢血过世的，去世的时候未满五十，伯父和堂兄想让伯母进祖坟山，但赵老根不同意，觉得会坏风水，"风水很重要，你们看白家村这几十年人口都没超过一百，就是风水问题导致的。"最后伯母葬在祖坟山旁边的一块地下，也因为这件事，长子长孙也逐渐与赵老根生疏起来。

第二任妻子去世之后，赵老根就自己一个人生活，儿子儿媳只会逢年过节去送送节礼，孙子孙女也没有人与他亲近。村里人闲聊的时候曾对赵易说，"你爷爷这人呐，命硬，心也硬。"

一个老"八仙"和他的封建信仰

"八仙"是江西农村地区家族中处理丧事的人，赵易的爷爷赵老根做了将近六十年的"八仙"，亲自送走过自己的父母，但也曾对三儿子和四儿子、大儿媳以及两任妻子的葬礼袖手旁观。他一直坚持他的封建信仰，"老祖宗说了，直系亲属不能抬，老子不能抬儿子，男人不能抬婆娘（方言里是'妻子'的意思）。"

1937年出生的赵老根，家中排行老四，他的父亲生了六个女儿和四个儿子，赵老根回忆说，"那时候好像有一场瘟疫，大哥刚说好亲事，就病逝了，二哥患有同样的病，在病逝之前便被父亲做主扔下了河，我母亲哭着跟我说，'你二哥被扔下河之后，被哭呛着鼻子，呛哭了，早知道我应该把他抱回来的，早知道我应该把他抱回来的'，三哥也是因同样的病在睡梦中病逝。"最后兄弟四人就剩下他一个人，算命先生说，他八字够硬。

不久，赵老根的父亲也去世了，母亲改嫁到吴家村，叔父不想养他，就把他送到了国家设立的贫儿学校（由政府组织的"孤儿院"）生活，母亲和继父早期没有孩子，于是就连哄带骗地将他过继到继父名下。

1962年，赵老根从继伯父手中接下"八仙"的担子，"我的叔父死了，伯父接着做，伯父老了，做不了了，挑我做了他的接班人"，直到现在赵老根还是"八仙"之一，今年是他做"八仙"的第五十九年。他略带埋怨地告诉赵易，"你伯父他不肯接我的班，像喝'彩'、剃头现在我们村里也就剩我一个人会了，你伯父也不肯学，我怎么跟他说他都不肯。"说着从软红的烟盒中抽出根烟点燃。

说到第一次做"八仙"的经历，赵老根有些激动，他告诉赵易，第一次做"八仙"也叫"开张"，是非常有讲究的，被抬的人一定要是长寿且儿女双全的女性。他解释说，"女性意味着孕育生命、孕育后代，寿数高、儿女双全表示她福泽深厚"，第一次"开张"一定要是这样的"好"人。如果不是，就不能去，不能"开张"，如果随便就"开张"容易带来晦气。他说自己很幸运，第一次"开张"就遇到了很"好"的人，他甚至认为正是因为自己"开张"开好了，才能在后来的日子来有惊无险。

赵易问他，"八仙"还有哪些忌讳，他给赵易讲了个几段年轻时候的故事。

"八仙"起棺之后不能停不能放。赵老根回忆，大概是1960年代的时候，村子里有一个妇人突然"没了"，葬礼时妇人的丈夫没有通知她的家人，女方娘家人得到消息时死者都已经在下葬的路上了。女方娘家人知道夫妻关系不好，怀疑男方，想要停棺验尸，男方拒绝了，给出的理由是，"八仙"抬棺，中途不能停不能放。后来有传言说是夫妻吵架丈夫失手致妻子死亡的，当时男方是故意隐瞒消息，为了不让女方娘家人验尸，最终闹到法院。

赵老根继续说，"说到忌讳啊，夭折的人，短命鬼，还有横死的人，尤其是女人，是不能上祖坟山的。"说到"短命鬼"，赵老根眼睛不由自主地看向赵易。赵易感觉到氛围突然的凝滞，脑海中想到却是在田家山祖坟中父亲被隔开的坟墓以及在祖坟山旁边的伯母的坟墓。

封建信仰最终还是低下了头

"彩"，是江西丧葬文化里葬礼过程中所说的各种吉言。当赵老根说"八仙"需要喝"彩"，村子里面也就剩他一个人会喝"彩"时，赵易问他还记得多少"彩"，能不能吆喝几句，赵老根沉默了下来，又开始掏出烟，拿出打火机，第一次没点燃，点了第二次，然后深吸了一口烟。

"这有什么好念的，这个又不好听，你想知道我拿本子给你，本子上记了。"赵老根有些匆忙地去房间找记录着"彩"的本子。上面的字是他为数不多认识的一些字，是从上一辈口中和手中传下来的字。

"这个要怎么念啊，你念一两句我听听吧。"面对一直不亲近的孙女的要求，赵老根小声嘟囔着，"念这个干嘛，没什么好念的，到家里念干嘛？不能念的。"赵易沉默着，想起了当年他也是这样拒绝母亲的请求的。

赵老根看着沉默的孙女，在孙女的目光中没有语调地按照本子念了几句，也开始沉默，吸了两口烟，然后继续随便翻了翻本子，"人家会骂的喔，到家里念这个，哪有人到家里念这个，在家里喝'彩'，人家会骂的啊。"

赵易不是非得要听"彩"是怎么念的，只是心里沉淀的怨与气过于深重，一时冲动，想要争一争，想要他低头。赵易平静了一下情绪，对赵老根说："爷爷，不念就不念吧，就这样吧。"

赵老根愣了一下，又开始抽起烟来，他在桌角磕了两下烟灰，然后抬手指向堂前的置物架上摆放着的黑白画像，那是他提前给自己准备好的遗照，他指着画像说，"你看，我其实没几年好活了，不知道哪天可能就走了，其实也没有什么忌讳了。我现在老了，抬不动了，没人请我做八仙了，现在都是直接用车子运上山了。没什么忌讳了，对吧，我念念也没啥关系。"

"呜吁！太阳出来满天红，孝子请八仙出老龙！"赵老根唱了两句，然后被赵易打断了。赵易心情很复杂，她想着人是不是总是喜欢在接近死亡的时候才开始审视过去，才发现自己曾经一直坚持的自认为是正确且值得付出一切的东西很沉重，而除了沉重的执念，又好像什么也没有抓住。她也有些慌乱，她习惯的是印象中那个无论如何都不会破坏忌讳的爷爷，并不是这个感叹着自己年老体衰、死亡不知道什么时候就到来的老人。

赵老根继续说，"做'八仙'出差错是会被人家拿谷棒追着打的，以前村西边的朱老六，抬棺的时候没走稳，棺木落地，被人家儿子追着打。我做'八仙'几十年，这么多年，从没出过差错。但是没人找我了，我老了，都老了。我知道现在村里面有白喜事都是找李家村的李狗仔，就是帮你爸和你二伯父迁坟的那个，他倒是胆大，什么都敢包。"

赵易听得出爷爷话语里面的无奈和不甘，她也不是从前那个满心怨恨不知从何而来又该如何发泄的小孩子了，她知道从前的那些事并没有办法说清谁对谁错，无论是这个做了近六十年"八仙"的老人，还是母亲、父亲、伯父、伯母，抑或是自己，都不过是封建狂热信仰里被裹挟着的砂砾。

如今，几十里外的松山不再是"八仙"靠人力所能到达的地方了，村子里的人逐渐习惯用系上红飘带的三轮车将棺木托运上山，负责入殓、出殡、下葬等一系列丧葬程序的已经有了专门的商业化的组织，只要支付相应的钱财，一系列的事情都会有专人承担，喝"彩"可以，甚至连哭丧也可以请人替代。

赵易每年都会去松山，如今那里已经不仅仅只有土葬的坟墓，在最外围的一圈出现了专门准备给火葬者的一个个小的方形水泥石坑，目前仅有两处盖上了墓碑，墓碑微斜躺在石坑上。一次上山扫墓后，赵易问母亲为什么两处中间还隔着一处空的，旁边的老大爷说道："左边埋的是男的，右边是女的，男的和女的不能挨着埋。"赵易堂兄问空出来的那一处怎么办，老大爷接着回答，"规矩是两男一女，也就是左边隔两堆男人的坟右边才能埋女人。"

赵易的思绪有些发散，"也许五年时间挺长了，大家开始逐渐接受火葬，但大概还不够长吧，土葬的一些规矩留了下来。"

只是，日后随着土葬渐趋消亡，作为江西农村丧葬文化典型代表的"八仙"以及相关规矩大概也会逐渐湮灭在商业化和现代化的围剿中，成为时代车轮下的灰尘。

2021年6月14日，在赵老根的黑白画像前。

"你还会做'八仙'吗？"

"我现在也还是'八仙'，是唯一还会喝'彩'的那个。"

只是没有人再请他做"八仙"了。赵老根抽了两口烟，烟星在昏暗的堂前若隐若现。

注：文中人名皆为化名，赵易为作者本人化名，此次采访和写作由作者本人完成。

作者简介：

嘉应是一名新闻记者，毕业于复旦大学新闻系。也算是以卖字为生，业余时间喜欢街头摄影和写网络小说。

本篇文章的指导老师为复旦大学新闻学院的张力奋教授。

藏地往事，一代援藏人的青春

作者 杨海滨

1955年，即将从长春机要学校毕业、返回老家许昌的杜鲍翔，在同学的邀请下看了一场电影，《在那遥远的地方》。

20岁的杜鲍翔，记得电影里，牧场被清风刮起波浪，像落在山川大地上的巨大绿毯，一直连接到青海湖尽头的天边；雪山冒出的凌厉寒气，似乎要溢出银幕。电影里关于青海牧区的一切打动了他的心，电影结束时，他已经学会哼唱"愿她的皮鞭轻轻抽打在我身上"。

第二天，他一个人又悄悄去看了一场。他像是发现了陌生而遥远的飞地，是否自己也能去到这块新天地？是否也会遇到另一个牧女卓玛？已经可以预知的人生，是否会成另一番景象？

恰好，那段时间有几位从西北几省来学校招生的干部，其中一个来自青海果洛。这位干部说："你们可能不知道果洛在什么地方，但只要我说出黄河发源于此，你们就能明白它海拔有多高。当年松赞干布就是在果洛的星宿海岸等来了文成公主，由此进入西藏。1952年，西北军政委员会进军当时还处在奴隶制的果洛草原，建立了第一个人民政府，结束了这片七万六千余平方公里的土地千年以来的政权真空。它是一个等着你们这些青年来改变落后面貌、大有作为的地方。这里有蓝天、帐篷、牦牛和格桑花，有灿烂的阳光和千里冰封万里雪飘的雄壮景色，请同学们来果洛看看黄河在草原上青春的模样吧！"

牵动杜鲍翔内心的，不止这一番慷慨陈词。自他求学以来，家里投入全部财产，甚至还向亲戚借了不少外债，自己才顺利地初中毕业考上长春这所学校。去青海，工资绝对比内地要高很多，能更早地清偿债务、回馈父母。

理想和现实，在那一刻奇妙地重合了。他的人生轨道就这么开始向"果洛"这个还有些陌生的词偏转。

坐火车从长春到兰州，再到西宁，六天；坐上"嘎斯"卡车大厢，从西宁到达亚洲深处广袤而蛮荒的腹地吉迈，三天。走进果洛，一共花了九天，那时的他不会想到，同行者来了又走，他却在这儿一待就是二十一年。

二十一年后，他俨然是一个土生土长的果洛牧人了：脸膛乌黑发亮，毒辣而又明媚的阳光让他的眼角聚拢起溪流一样的皱纹，但眼睛却因紫外线的洗礼比原先更加发亮。他总戴着藏族人特有的狐皮帽，穿着长长的藏袍，骑在单位配发的白色大马上。一天里不喝奶茶，就像没喝水一样难受，更不用说喜欢吃冰凉的手抓羊肉和帐篷里拌的糌粑。

只要不说话，露出那河南许昌的口音，就没人能知道这是个假藏民。

83岁生日那天，他特意给儿子写了份遗嘱，要求在百年后，把骨灰分三份，分别撒在果洛的玛多黄河源头、吉迈黄河拐弯处和拉加黄河渡口旁。一如他当年把青春像牧草种子一样撒在这里。

我顺着他的经历，溯回青草长处，白云尽处，第一代援藏人的故事里。

疾病与祈祷

1969年夏季七月某天，杜鲍翔和藏族同事小洛周要到达日县最偏远的桑日麻牧业点下帐（下乡）。他俩从吉迈出发时天还没亮，然后在茫茫草原上走了一天也没见到一个牧人或是帐篷，直到傍晚饥肠辘辘时才遇到一只孤零零的帐篷，而此处离去的牧业点还有几十公里，俩人商量后便决定在这里借宿，等第二天早上再走。

这家主人名叫达尔杰，有老伴和儿女四人，他们热情地给他俩准备了奶茶、糌粑和手抓肉。在草原上，只要藏族牧人看到汉族干部下乡，都会热情为他们提供食物和住宿，一是知道汉族干部下来是帮助他们搞畜牧业生产建设，二是和他们民族热情好客的传统有关。可不知什么原因，第二天凌晨，杜鲍翔肚子疼得醒了过来，随即出了帐篷蹲在草地解手，竟拉出了一滩鲜血。他回到帐篷后仍疼痛不止，想坚持到天亮后再到牧业点找医生看，可那疼痛一阵接一阵像河水的波浪涌来，疼得更厉害，杜鲍翔在地铺上不由自主地呻吟出声。

声音惊动了达尔杰一家四人，他们从地铺上起来，点着酥油灯，围着他问"怎么了"。

两位老人不断"啧啧"——这是藏族人表达同情之意。姑娘也怜悯地看着他，这让他羞涩，不敢抬头。

老阿妈让姑娘点燃帐篷中间灶台里的牛粪火，将酥油、曲拉（奶渣）、红糖掺在一起熬煮了一大碗汤，达尔杰老阿妈说，这是藏族人治肚疼最好的偏方，喝了就会好的。

他一口气喝完了那碗汤，可并不起作用，仍然疼得满地打滚，然后又跑到帐篷外拉了几回鲜血，这让他也害怕起来。去年他的一位同事也是在牧业点上因为肚子疼没找到医生，死在了在草原上。

达尔杰老阿妈就和老伴儿子女儿商量咋办，最后决定让儿子和小洛周立刻骑马去六十公里外请曼巴（"医生"的藏语），请不到曼巴也要带些药回来。

杜鲍翔心里清楚，吉迈草原百里无人烟，要是人马没有补给的话，即使能到赤脚医生的帐篷，来回也得七八个小时，如到乡卫生院更要一天多，说不定他们还没到自己就被疼死了。但他不想死，殷切地盼望他们能从公社请医生来，便在心里感激着老阿妈的决定，看着他俩上马在黑暗中驰去，心里有了许多安慰。

他俩走后，这俩老人轮流让杜鲍翔枕在他们的腿上，尤其是达尔杰老阿妈，把他像婴儿那样搂在怀里，用半藏半汉的话安慰着他，还不时颤抖着双手端着小碗，喂他喝红糖茶，给他揉肚子，满眼含着泪。

这让他想起自己的母亲来。小时候生病时，母亲就是这样轻轻搂着他的，没想到在果洛高原的吉迈草原深处，碰到了素不相识的老阿妈。

阿妈的女儿只有十五六岁，是个非常漂亮的古唐古人种的姑娘，她见他不停地哭泣，很善良地蹲在他身边叫他阿吾（藏语"哥哥"），说你要坚持住，等他们回来你就好了。他想起数年前在长春看过的电影里的藏族牧女卓玛，一下接收到了她的温暖，感激地朝她微笑。

就这样，坚持到第二天下午六点，那俩小伙才疲倦地回来了。原来他俩真没找到赤脚医生，然后一合计干脆快马加鞭去了乡卫生所，乡卫生所只有一个医生正在给另几个牧人看病，分不开身，无奈下取了止疼片又马不停蹄地往帐篷赶。原本需要两天的路程，他俩用了不到24小时。

杜鲍翔服了药后稍稍止了疼，小洛周怕夜长梦多，要和他立即骑马往乡卫生院赶去，达尔杰老阿妈一家人把杜鲍翔扶上马，那个姑娘还往他的怀里塞了一包煮熟的蕨麻，说要是路上饿了就垫垫饥。他被感动得眼泪又一次流了出来。

阿妈站在余晖里不停地挥着苍老的手，不顾禁忌地颤抖着嘴唇反复呢喃着"唵嘛呢叭咪吽"六字真言。那时正在"破四旧"，草原上也不例外。但她不顾这些，虔诚地为他祈祷。

杜鲍翔坐在马上流了一脸的泪，等走了几公里回头一看，仍能见到帐篷前有人影在朝他们凝望。忽然他又一次看到了凝固在她们头顶上的那朵巨大的白云，像格桑花在盛开。

饥饿与粮食

在20世纪60年代初的果洛，最深刻的体会是饿。长天阔地，人的官觉被无限放大，而饥饿就像潮水一般在体内翻起浪。

1959年初，杜鲍翔从州委调到同德县巴滩青年农场机关时24岁，食量正大的年纪，正常供应的粮食根本不够吃，天天在饥饿里扑腾。

按场部规定，大家公认的食量大的"大肚子"可以写申请，向组织要求每月15斤补助粮食，厂长就把四十几个人组织在刚盖好的土坯房里，面对面评选"大肚子"的人。

补助粮食不是米，不是面，就是一种叫"蔓菁"的十字花科植物的块根，原本是给牛羊当饲料的，现在却成了救人一命的宝贝。

杜鲍翔是有目共睹的"大肚子"。每天半夜，因为饿得睡不着觉，他会在被窝里咬被角，一点点地把棉花掏出来慢慢咀嚼。干棉花不好咽，他就长时间咀嚼，然后喝口早准备好的凉开水。

时间一长，棉花都吃完了，被子剩下一层布。零下三十度的高原上，他只能钻到同事的被窝取暖。

但在"大肚子"评选中，他的许昌老乡王文陆却提出激烈的反对意见，说自己比杜鲍翔还大两岁，肚子更大，更需要补充粮食，两人就"谁的肚子更大"吵得连爹娘都骂出来了。

最后，杜鲍翔成功被评选上了"大肚子"，可以多领15斤的块根。不过这份补助并不稳定："大肚子"一月一评，到了下个月，新一轮竞争开始，谁的肚子更大还不一定。

那样的年岁里，只有吃的值得最高规格的斤斤计较：有天杜鲍翔去食堂打饭，站在前面的王文陆拿到粘连着另一个馒头上多半个馍皮的馍，而大厨却把少了皮的馒头给他，他觉得自己吃了大亏，大声质问大厨为什么不公平，想要讨回那半层馒头皮。他和占了便宜的王文陆先是大吵，随之大打出手——但在出手前，两个人心照不宣地放妥了手里的饭碗，才掐在一处。

不久，传来王文陆闹离婚的消息。原来，两口子在食堂一起打饭一起吃，可王文陆每顿饭总是吃去大半，给妻子只剩几口，妻子觉得丈夫自私，坚决要和他分开打饭，独自回宿舍吃，吃不完，宁肯锁在抽屉里，等饿了再吃。王文陆无奈，每天都是半饱。到了宿舍，老婆睡床，他便打地铺，两个人因为一口饭彻底

"割了席"。

饥饿的年岁里，有关"爱"的记忆似乎也被蒸去水分、洗去轻浮，像河滩上的草一样干燥顽强，和贫瘠、苦难、责任有关，和吃有关、和命有关。

达日县海拔高，生育成了一件难上加难之事。杜鲍翔妻子生孩子坐月子的那个月里，没吃过一个鸡蛋，更不用说鸡汤红糖之类的补品，当然也就没有奶水喂孩子。

他觉得对不起妻子，厚着脸皮找到达日农场场主请假，背着行军水壶，骑着自行车去二十多公里外的农场打奶。

那是二十多公里却没有路的草原，杜鲍翔费劲地朝着某个不太笃定的方向骑着自行车。约莫骑了十公里时，一不留神连车带人陷进伪装成草地的沼泽里，陷进大半个轮子时他才反应过来，边迅速在沼泽里蹬着车身，边一把抓住身后的牧草，不幸用劲过猛，竟把牧草拽断，人和车再次沉沉跌入沼泽。

冰凉的水让他有些抽筋，头皮是麻的，他再次转身抓住另一撮柔而韧的牧草，均匀用力，才慢慢爬到结实的草地上。

自行车是他问一个同事借的，一旦陷入沼泽，他将没法还这笔"巨款"，可他也没办法捞出来，就在坚实的草地上找捞的工具。寒风中一身的湿衣让他不住地打颤，最后看到远处有个巨大的被风化了的白牦牛角，便利用它的弯钩勾着自行车车梁往上拉，试了两三次才捞了上来。

绕过沼泽，他继续蹬车向前。

河流犹如草原的神经。每每临河，他只能脱了裤子，把裤子放在自行车上，把自行车举在头顶下河，走到河心时，水已淹到他的小肚。高原的河流都是从雪山上融化下来的雪水，冰凉刺骨，脚下的河卵石在他的移动中，被河流冲得一个踉跄，一下漂在水中。

正当他绝望时，从农场方向开来一辆拉货的"嘎斯"卡车，司机直接把卡车开到河里，他站在脚踏板上，看准自行车的位置后，又跳进河里捞了起来，在卡车的帮助下，这才平安上了岸。

当杜鲍翔打了两斤牛奶回到家里时已是黄昏。看着妻子汩汩喝下牛奶，他终于一屁股坐了下来。

危厄与脱险

杜鲍翔曾不止一次接近死亡。

有一回，他和同伴王文陆骑马到一个牧业点去下帐，两人一前一后沿着黄河边沿的小路走。这小路不足一尺宽，蜿蜒出无数个S弯，小路右边凹进山体，左边便是奔腾呼啸的黄河，只要往下一看就会眩晕。

他俩小心翼翼地注视前方，马蹄踏着石头小路的踏踏声，淹没在黄河水的奔腾呼啸声中。一不注意把身体往上一挺，头就会磕到石崖。两人只能缩紧脖子，夹紧马肚往前走，唯恐马失前蹄，连人带马掉进黄河，万劫不复。

杜鲍翔在马背上，斜着眼看了眼数百米深的悬崖下几米深、四十米宽的黄河。母亲河不似画上的温良，像一柄锋利明亮的刃，剖开长天大地。

他哆嗦着身体颤着音对王文陆说："咱们还是下马拉着马步行吧。"

"你也得能下下马来！"王文陆应道。

直到这时，杜鲍翔才清楚地看到，脚下的小路容不下再站一个人，如果硬跳下马背，肯定会和马挤在一起掉进黄河。

他连心跳都想努力控制，唯恐怕那搏动震塌了小路。可一个没留意，被上方凸出的石头绊了头，在马背上猛地一扭身体，又让马吓了一跳，尥起蹶子，把他抛下马背。

他直滚到悬崖边，幸亏反应灵敏，伸手抓住了马蹄子，但整个人悬在了悬崖下的空中，脚下便是滔滔奔腾的黄河水。

马通人性，知道他正抓着它的脚，就一动不动，抬起头来回摇晃嘶鸣，像是在为主人求救。终于，王文陆听闻马嘶，抬头一看也吓得不轻，颤抖着声音在后面高喊："杜——鲍——翔——抓——紧——马——蹄，我——来——拉——你!"

他从自己的马鞍处爬到马脖处，把自己吊在小路上，再匍匐钻过杜鲍翔骑的那匹马的肚子下面，来到他跟前，抓着他已经开始颤抖的手。在杜鲍翔往上跃动时，惯力几乎也把王文陆拉下悬崖。

等杜鲍翔终于爬到凹进山体的小路上，他脸色苍白，嘴唇哆嗦，已经说不出一句完整的话，足有半小时，才手脚并用地爬了几十米，到了稍宽的路面上缓缓躺下。

仰面，是藏区的天，耳畔是风在呼啸，仿佛天上地下，除了风声之外，再无一点声响。

对于在果洛草原生活了二十一年的杜鲍翔来说，这种险象环生的经历遇到过多次，他都属于幸运者，总能激发他难以想象的求生本能，化险为夷。

而他的几位同事就惨遭厄运，其中比他晚一年来果洛的刘和平，早上骑马离开吉迈下帐前还和他打了个招呼，晚上就听到了他在草原上没有涉过那条冰河而被淹死；同事纪涛，在下帐途中，因遇到棕熊袭击，坐骑受惊，活活被疯跑的马拖死在旷野的风中；一起来果洛的张连登，也没能躲过土匪射来的子弹，在一次调解部落纠纷时血洒草场……

这就是果洛，第一代开拓者在人生最好的年华来到这里。而杜鲍翔在果洛生活了二十一年后，终于要离开这里了。可他并不是真心想走。因为长久地在高海拔地区生活，他爱人浑身浮肿，身体任何一个部位，一摁一个坑，长时间才恢复原状，有次西宁的心脏病专家来果洛巡诊时建议她，如果还想活着，就不能再在果洛生活。另一个是女儿的高原反应，因缺氧已"死"过一回了，所以他被这些不能解决的问题压迫着，不得已要调回西宁，这一年是1976年8月。

在离开达日县前，该告别的人早就告别过了，但还有一个骑着马走了一天的路，从草原上的牧业点专门到县上的洛周——这是杜鲍翔多年的牧人朋友，很多次下帐都住到他的帐篷——专门来为他送行，三天里已经喝过三回了，他也用三天回应了三回——要知道他从来不喝酒，他作为一个县委书记，这点是很自律的。但在要与果洛和那些牧人们告别的时候，他也破了二十一年来的戒律，第一次主动喝了酒，其中洛周请他喝的三回都是酩酊大醉，几乎要了他的命，这举动在别人看来是他终于离开果洛的原因，其实只有他自己知道，他是在用这种方式告别这个荒寒而自己又付出了生命时光的果洛。

临走那天早上6点，天还没完全亮，洛周早已在县委家属院的大门口等着他，还举着酒杯，说我的汉民兄弟，你为草原做的一切，我们都会铭记的，祝你扎西德勒（吉祥如意）……

当杜鲍翔只身打马过草原，他知道那既是他一个人的果洛，也是藏族同胞、刘和平、纪涛、张连登、王文陆……所有人的果洛。

注：部分人名为化名。

作者简介：

杨海滨出生在青海果洛藏区，从小学得胡儿语，目睹过太多充满神性的生死和庸常而又匪夷的人生，这让他不自觉地成为一个非虚构写作者。

作者

岳颖　雒少龙

教培机构里的清北生：我也曾质疑名校头衔的意义

猝不及防的"聚光灯"

2020年夏天，被清华大学录取的第二天，夏雨的微信上收到五六个添加好友请求。夏雨妈妈说，这些阿姨都是同小区里的，听说夏雨高考考上清华，都想认识认识，找她"取取经"。

这几位阿姨，或是编辑长长的一段话介绍情况，或是发来一条条密集的信息，一股脑地向这个18岁姑娘倾吐关于孩子的烦恼。"焦虑""不及格""受打击""管得少""心理健康""不爱说话"……都是倾诉的高频词。

　　妈妈们的请求也是多种多样，从讲课辅导，到"演讲""鼓励鼓励"，再到"让孩子更爱说话"的心理疏导。请求迫切，开价可观，更有家长开门见山："多少钱都不是事"，"想花钱弥补内心的焦虑"。夏雨一一应承了下来，但她自己也不清楚能带来多大改变。

　　夏雨住的小区是学区房，就挨着她所在的市重点高中。她说，这个小区聚集了一大批想去这个高中的人，有的考上了，有的失败了，有的仍在挣扎。

　　第一批找夏雨补习的学生是两个初二生，每天下午或傍晚，两人来到夏雨家学一个半或两个小时的物理。其中一个女生明显对物理兴致寥寥，说在学校的物理老师经常说，女生学不好物理。夏雨狠狠抨击了老师的这种观点，给她打气。慢慢地，她感觉到女生开始喜欢上了物理。在后来的交流中，女生渐渐拥有了自己的目标，她告诉夏雨，自己立志去人大学法律。

　　十次课上完，两个孩子的母亲来家里道谢，并给了夏雨六千元的报酬。一个妈妈突然问夏雨喜欢吃什么，夏雨随口答鸡蛋，对方兴奋地转头看着自己的孩子，说："回去就给孩子煮鸡蛋！"

　　一天，门铃又响了。一个女人手捧两束鲜花站在门前，面含笑意，身后一个女生在低头抠手指，后面还有一个小男孩。是另一位联系补英语的妈妈，以及她读高二的女儿和还在念小学的儿子。对花粉过敏的夏雨偷偷把花放进卫生间，然后迎接这位焦虑的母亲大河决堤般的倾诉。

女人家里做矿产生意，平时陪孩子极少。女儿由于学习不好，性格又内向，在班里有些受歧视，而这又让她更加不爱说话。所以除了补习英语，母亲还希望夏雨能让她"变得开朗些"。女人接着说，女儿英语只能考三四十分，她连家长会都不敢去，觉得没面子。然后，妈妈话锋一转，开始夸小儿子很聪明，想让夏雨也带带他。夏雨不时看女孩的反应，在妈妈转头看她时，女孩面无表情地点头附和，但在妈妈目光移走后，夏雨分明看到女孩在使劲瞪眼。

上了三次课，夏雨明显感受到来自女孩的消极抵抗：让做什么就做什么，知识却不进脑子，而且没说过一句话。课后，夏雨在微信上抱歉地向女孩的妈妈推说自己实在忙不过来，没法再继续教孩子了。女人平和地接受了这个事实，但还是表达感谢，并转来了一千元。

夏雨的第三个补课对象是一个高一男生，家住夏雨家楼上，这次随同上门的，是他的爷爷奶奶。二老热情地介绍着孩子和家里的情况，说父母在外面做生意，很少管他学习。几次课后，男孩开始对夏雨敞开心扉，说爸爸回家后常因为学习成绩打他，导致他现在每天都在害怕爸爸会突然回来。有次，夏雨趁着和男生的奶奶同乘电梯，告诉了奶奶男生的忧虑。几天后，男生兴奋地对夏雨说，爸爸上次回来居然对他态度很好，父子俩的关系变好了许多。

夏雨渐渐意识到，在"清华"光环加持下，她被赋予了一股神奇的力量，甚至被视为扭转乾坤的"救命稻草"。她对自己带来的积极帮助感到欣慰，又觉得家长看自己的眼神实在有些夸张。

不舍离开的"围城"

大一国庆假期，小狸四天赚了8000元。大二劳动节假期，小狸七天赚了14000元。在其他同学趁着假期外出旅游时，小狸跑到外省的县城，摇身变为"狸老师"，每天八个小时给高中生讲竞赛，一天报酬2000元。在其他同学还依靠父母的生活费生活时，小狸已经开始买轻奢品，日常刷淘宝买包和衣服。

小狸从市里最好的高中毕业，高一时便参加竞赛培训，高二时靠竞赛成绩拿到了清华大学的降分录取机会，高考顺利考入清华。接触到教育兼职领域是个偶然，大一时她在一个公众号上看到了竞赛教师招聘信息。当时只是想挣"外快"的小狸没有想到，大学毕业后她真的要成为一名教培机构的老师。小狸对自己的专业并不感兴趣，比起泡在实验室做科研，她更喜欢跟人打交道，还做了学校的宣传社工。跨专业考研失败后，小狸开始思考自己要从事什么职业。

之前，小狸曾在北京某互联网大厂实习。实习期间，小狸经常被要求一天内交20份广告脚本，有一次她写到晚上十点多，也只是完成了18个，她受不了了，没写完直接交了上去。一天120元的实习工资，996的工作节奏，让小狸很快产生了逃离的想法，因为她"从没做过这样低廉的工作"。接触过"来钱快"的教培行业，小狸也很难接受提供编制户口却薪资较低的体制内工作。兜兜转转，小狸还是进入了教培行业，签约的公司开出了50万元以上的年薪。

小狸大一大二时就跑去外省当竞赛老师，但那时一直瞒着父母，一是怕他们担心自己的安全，二是父母还是希望自己把重心放在学业上。但毕业找工作时，父母对小狸的职业选择并没有干预，因为"父母发现我大四做自己喜欢的事后快乐了很多"。因为要忙毕业设计，小狸不得不泡在实验室，只有去公司做教培时，她才感受到久违的快乐。

小狸觉得自己比很多做教培兼职的大学生要幸运，因为她本身享受当老师的过程。对教培兼职，北京高校尤其是清华、北大、人大三所高校的学生在"圈子内"有个戏谑评价——"恰烂钱"。其实称得上"烂钱"的，主要是指"学习经验宣讲""成才经历分享"这类钱多活少的兼职类型。

"这样的兼职信息发布在清北兼职群里，是被抢得最快的。"清华在校生凯玟总结道。

与小狸不同的是，凯玟从来不接讲课的教育兼职，她懒得备课。凯玟的高考语文成绩接近140分，疫情居家期间，她曾接过高考语文学习经验分享的兼职，一小时400元。但这个薪资凯玟并不满意，因为教学PPT做了整整四小时。男朋友嘲笑她太过认真，"那些孩子根本不会认真听的"。

凯玟的男朋友也在清华就读，疫情期间曾回高中母校做过三次宣讲，他被学生家长请去在班会课上讲复习规划、备考事项和学习方法，一节课的报酬400元到600元不等。一套PPT他来回用，这套PPT的最后几页是清华风光展示，包括风景、食堂、社团活动、著名校友等介绍，是他从清华招生宣传资料上复制过来的。当凯玟问男朋友有没有带清华logo的PPT模板时，他迅速将自己做过的宣讲PPT发了过去，其中很多内容被凯玟直接挪到自己的PPT上。

凯玟说，那家给她一小时400元的教培机构很狡猾，在兼职群里开的薪资是"一小时400~800元"，为了达到800元的标准，她才花四个小时去打磨这二十多页的PPT，连她高中刷语文题时自己总结的解析步骤都摆了上去。后来，她在兼职群里知道了这种叫"钓鱼薪资"，用上限薪资诱惑人，用下限薪资打发人。

"你根本没办法去跟中介争你讲的内容究竟值400元还是800元，因为他们不懂也不会去细看你的PPT内容。"凯玟无奈地说。比起分析《五年高考三年模拟》与《高考必刷题》的题型区分、传授古诗题语感培养方法，中介更在意她有没有在自我介绍时讲高考成绩和高考前的降分情况。

纵使再怎么发誓以后不再"恰这种烂钱"，当看到群里"直播一小时学习经验800元"的薪资时，凯玟还是忍不住添加了联系人的微信。现在，她在讲自己的"中学逆袭之路"时已经没什么害羞的情绪了。"讲了很多次后，你越来越觉得自己好像真的挺厉害。"至于有没有人听，凯玟也不在意了。她在电脑这头讲，看着会议室的人逐渐减少也没有失落感。"谁叫中介把直播时间放到饭点了，我也很饿。"凯玟笑着调侃。

隐匿的情怀

在清北兼职群里有一条不成文的鄙视链：宣讲类最低端，因为没什么门槛，也不需要讲过于"干货"的东西；一对一家教是中端水平，北京家长经常托人在兼职群里发上门家教招募信息，凯玫记得有一次一位家长给的薪资是100元一小时，还被群友调侃了，"时薪不低于150元似乎是大家的共识"。

有一次，凯玫跟外校同学聊，发现对方对时薪80元的家教薪资很满意，凯玫心里顿时涌上说不出的复杂情绪：为什么清北生去辅导学生的价值是外校大学生的好几倍？为什么那些家长和学校一定要清北生去讲？凯玫始终认为，自己学校的学生讲课经验未必比得上师范类高校的学生。她不能理解为什么有的北京家长要用高薪去聘请清北生到家里去给还在上小学的孩子批改作业，直到她看了有关"鸡娃"话题的文章和电视剧。"我们的title（头衔）很值钱，家长更希望我们给孩子讲考清北的心路历程和进行心理辅导，这也许是我们'小镇做题家'最高光的时刻了。"凯玫感慨道。

小狸没有像凯玫这样感悟复杂，因为她一直做的是竞赛类兼职——最高端且只面向有竞赛经历的理科生（几天时间拿到上万元很常见）。她的课充满了"干货"，虽然大一大二时每天沉浸在线性代数和微积分的她基本没时间备课，但手握高中竞赛知识点PPT的她在县城学生看来，水平远远超过本校老师。

许多县城高中没有小狸所就读的重点高中的竞赛师资，也没有钱去请金牌竞赛教练或者大学老师。找有竞赛经验的清北生对学生进行几天集中培训，花费几万元的人力成本，还是很划算的。"县城中学搞竞赛的目的很简单，不奢求全国性的奖牌，用省级奖拿个985或211高校的降分名额就好，"小狸解释道。

在高中生眼里，小狸是个很有趣的老师，她总是能用段子让大家记住那些枯燥的竞赛知识点。其实这些段子是小狸上高中时从老师和同学那里学到的，是教辅书上不会有的。竞赛知识点很多，小狸会给他们划重点，"我有信心他们只要啃透我勾的重点，就差不多能拿上奖了"。讲课结束后，小狸还给他们留自己高中时做的竞赛题。

最终，小狸的学生里有三位拿上了省级奖，拿到大连海事大学降分的同学上了大一还跟小狸有联系，跟她分享大连的海鲜多么好吃。小狸觉得自己一直在做有意义的事，"我们这些人都是非常幸运地拥有市内甚至是省内最优质资源的人。我们经常在高中抱怨做成堆的变态题，但这些内部题是普通学校学生奢求不到的。"

小狸教的县城学生很多出生于农村家庭，放学后她经常能看到学生坐在父母卖菜的三轮车后面回家，"他们跟菜坐在一起，一路颠着离开。"这样的画面一直刻在小狸心里，她决定以后以教师为业后，不能辜负自己学校的光环，更不能辜负自己"占用"的最优教育资源。小狸相信，清北生只要愿意好好讲，也确实能提供一些独到的见解，"这份独到不只来源于学生自己，还来源于他的中学、他的老师、他做过的每一份独家题、他听的每一场竞赛讲座。"

凯玟后来也想清楚了教育兼职可以带来的价值。她更倾向于去接文字性介绍语文学习经验的活儿，耐心地列出除了刷题外还要读哪些书。在凯玟高考那一年，她的语文老师在一个班内带出了十几个语文成绩超过120分的同学。"我的老师不屑于让我们去背辅导书上的知识点和模板，他有自己总结的东西。"凯玟的老师推荐同学们去读《唐诗鉴赏辞典》和《宋词鉴赏辞典》，凯玟发现里面的鉴赏话语就是高考古诗题的标准答案话术。"我那一年高考做的古诗题，是我在辞典里读过的。"凯玟自豪地回忆。

凯玟写的经验贴阅读量很少，这也在她预料之内，"这些孩子见多了所谓的学习经验介绍，我也没法让他们相信这些真的会有用。我不失望，只是可惜了语文老师的好方法没有传递出去。"

灌不好的"鸡汤"

有一次，夏雨接到的任务是，围绕"好好学习才有出路"给两个高中男生讲两个小时。气氛一度很尴尬，"双方都很麻木，很煎熬，希望时间快点过去。""有未来""有选择""好的生活""赢得尊重"……夏雨绞尽脑汁，结合自己的经历，想把"这种洗脑的话"讲得生动一点。她想起几个月前的百日誓师大会，老师和同学代表在台上慷慨激昂，她却躲在角落听歌看书写作业。此刻，她觉得好笑，又有点无奈。

夏雨听说清北生的笔记在网上很火，于是她也打算试试卖掉自己的笔记。一天，她正在整理自己的笔记、课本和书籍，一位老人登门拜访。老人的孙女在上小学二年级，她想买夏雨的小学笔记给孙女看。夏雨笑笑，说自己初中才开始做笔记。老人眼神略带失落，但忽然又看中了夏雨原本打算卖废品的一箱启蒙读物，主要是一些拼音读本。夏雨说这些内容在课本上都会教，但老人执意塞给她二百元，买下了这二十多本小册子。

接着，老人给夏雨聊起自己为孙女设定的成长计划，她希望孙女也一定要上一个好大学。她说几年前曾打算把孙女户口转到北京，但儿媳没当回事，现在再转已经很难了，为此和儿媳的关系一度不好。她又讲到自己当年学习很好，本有机会上大学，但高考时赶上了"文化大革命"……老人叹了口气，摇摇头。临走前，她让夏雨简单写了张祝愿孙女学习进步的贺卡，放在读本箱子里，并嘱咐让她改天去家里给孙女讲讲。

夏雨不知道自己应该和7岁小姑娘讲些什么，因为她自己7岁的时候，对"清华北大""成功"这些大词根本没什么概念。前半个小时，小姑娘时而东张西望，时而玩玩手指。夏雨改变策略，讲起了自己小学时的故事：抓虫子，玩游戏，当然也免不了讲到复习和考试。当她讲到被老师批评和表扬的经历时，小姑娘眼睛睁得很大。比起怎么考上清华北大，小姑娘显然更关心怎样获得老师的小红花。

讲完后，奶奶专门去隔壁叫邻居来帮忙拍合影。奶奶顺了顺自己的衣服，又给孙女整理一番，然后分别与夏雨合影，最后再拍三人的合影。第一轮拍完，奶奶似乎不太满意，又拍了好多张。照片里，奶奶笑得像个开心的孩子。末了，夏雨脸都笑僵了。临出门，奶奶拿了一大袋吃的塞到她手上，里面鼓鼓囊囊地装满零食和橙子柚子等水果，还有个一千元的红包。

开学后，高中的学弟学妹对夏雨说在校报上看到她了。发来照片后，她发现是这位奶奶投的稿，主要讲了她把学习用品"馈赠"给"学妹"的事迹以及这位"学霸给学生和家长的启示"。首段就气势磅礴："仅和名校赤峰X中一街相隔的XX小区，2020年又传特大喜讯：人见人爱的女学生夏雨……"，"一时在XX小区业主微信群里传的（得）沸沸扬扬"。末尾，奶奶指出，"根植于"小孙女"心中的'清北梦'已经发芽"。

凯玟考上清华的那个暑假，也同夏雨一样成为小区家长心目中的"神话"，但现在，她会推掉父母安排的给某某同事孩子谈心的嘱托。凯玟小时候并不出众，奥数也常常不及格。虽然她口口声声地跟那些孩子讲自己的逆袭之路，但她清楚这是无法复制的——凯玟的父母愿意在中学旁租房陪读六年；她的高中在市里数一数二；大学本科文凭的父亲会给自己讲市面上没有的学习方法；当凯玟在高三遇到瓶颈期时，母亲会把她的头揉进怀里安慰她，告诉她"妈妈曾经当过毕业班的老师，妈妈清楚这是必经之路"。

有一次，一位家长带着孩子到凯玟家里找她聊天，每当孩子说起自己学习上的烦恼，家长总会插嘴说"就是懒，不上进，成天玩手机"。后来凯玟从孩子口中了解到，父母辅导不了自己的作业，她只能拍题上网查。凯玟想起她在初中学方程时，不会做的题直接扔给父亲。"我爸一手叼着烟，一手拿着铅笔列方程，最后潇洒地把草稿纸扔给我，"她又补充了一句，"他中考数学离满分只差了一分。"

凯玟有一次破例接受了家长的咨询，这位父亲直言是自己和妻子的教育方式出了问题，"他从头到尾不会抱怨孩子成绩不好，而是会问我遇到什么问题时我的父母会怎么跟我沟通。"这位父亲有句话让凯玟很感动，他说从不指望孩子能上清北，只是不希望他因为学习自卑，想让他知道父母从不会因为他成绩不好而不爱他。

"清北生"

在许多中国家长的心里，一张清华或北大的入场券就是"人上人"的最有力证明。"清北生"的标签往往让人们产生无限的好奇和兴趣，但很多时候，兴趣也仅仅止步于此。至于高价请来的清北生究竟能教什么，家长不太会在意，只是对孩子说，"你以后也要向这些哥哥姐姐一样，将来上清北。"

在清北校门口，保安总是要疏通人群。每几分钟，就会有游客让孩子跟校门合影。游学机构更热衷于让孩子们站在一起大声喊着"我要上清华（北大）"，这样的视频往往不会只录一遍，带队老师一定要挑最有气势的那一条发到家长群里。

小狸将要入职的教育公司会主打她的清华毕业生身份，这会让小狸从一开始就收获多于其他老师的关注度。从大一到现在，凯玟加过四五个清北教育兼职群。每当她在学校受到打击时，她就打开群看看招聘薪资，安慰自己说在外人看来清北生还是光鲜的。

凯玟的好朋友毕业于衡水中学，她在大二寒假同几个从衡中毕业的清北生合开了自习室，设在小区里。家长们非常积极地把孩子送到这个自习室写作业，每人每天收费100元。学生除了能安静自习，还能找这些清北生答疑。十几天下来，每个人分到了七千多元。

现在，夏雨被好奇的陌生人问到身份时，只会说自己在北京上大学，如果对方追问，就说自己在海淀上学，以避免接下来可以想见的夸张眼神。她曾在校门口被热情的游客轮番拽去合影，也曾在三里屯的理发店被理发师一顿吹捧。"藏好你的校园卡。"她得出经验。

寒假，她发现母校光荣榜自己所在的展板前依然有许多家长拿着本子在抄录信息。她走到跟前，一位家长指着最上面的一栏向她感叹："这男孩真厉害啊！"她哭笑不得，她的名字从小就常让人误以为是男生。展板上没照片，也没标明男女，只有录取院校、专业和初中毕业学校——这就是"优秀生"定义的全部。

　　注：本文受访者均为化名。

作者简介：

　　岳颖现为清华大学博士研究生，于2021年获得文学学士学位，2023年获得法学硕士学位。她是一名非虚构写作者和悬疑推理爱好者，也热衷读史、淘旧书。

　　雒少龙现为清华大学法律硕士研究生，本科就读于南京大学新闻系。他热爱非虚构写作，喜欢从习以为常的现象中发觉趣味和深意。此外，他还喜欢摄影和探索自然。这些热爱可能源于冒险和好奇的天性。

作者

熊阳

翻译：智煜

（本文获第六声英文非虚构写作大赛优胜奖）

曼哈顿华埠发型屋还能坚持多久？

　　2016年，在哥伦比亚大学读本科期间，我找到了"新中国发型屋"。我不想在理发上花太多钱，又担心随便什么店打理不好亚洲人发质，于是就去唐人街碰运气。

　　披露街和宰也街共有十来家理发店。当年曼哈顿唐人街还只是小小一片少数族裔飞地的时候，这两条蜿蜒的小路就是它的中心，现在它们则组成了T字型，地处延展开来的唐人街边界，跨过去就是市政府或联邦大楼了。步行其间，感觉跟游历其他地方的唐人街一样，仿佛置身于一个凝结在过往时代的中国。

　　街边的理发店大多亮着霓虹灯牌，上

书繁体中文，艳丽的光打在白墙、瓷砖和荧光灯组成的朴素背景里。店内的靠背椅并排挤着，两边巨大的落地镜相对，映出无数椅子、理发师傅和顾客的倒影。

怀旧外观的背后，是多年来人口结构变迁给这些理发店造成的压力。顾客们大多是老一辈的华裔移民，岁数大了，有的已经无法再出门理发。新移民更喜欢皇后区和布鲁克林的唐人街，那里有稳定的人口迁入，租金相对便宜。这也就导致曼哈顿唐人街的新客源越发稀少。

新中国发型屋跟街对面的怡芳发型屋一样，已经开业近三十年了。怡芳旁边就是唐人街历史最悠久的理发店之一——新香港男女理发店，营业有六十来年，过去叫"侨众理发厅"。尽管门铺林立，但这两个街区宛如一个大家族，理发师傅们互相串门打趣，或者借用微波炉热热午饭。

中国经济经历了指数级的增长，GDP从1990年的3600亿美元跃至2021年的17.7万亿美元。而曼哈顿唐人街的理发店，倒是一直基本没变。在武汉做一个"洗剪吹"，已从1990年代的两毛钱涨到了如今的三十块，翻了一百多倍。相比之下，新中国发型屋的价格则连一倍都没有涨到，在2022年，男士理发依然是10美元。曼哈顿任何其他地方通常都比这里贵至少一倍。

店主黄东明（音译）和他的妻子蒋凤敏（音译）都四十出头，据两人讲，最近涨价2美元的决定，也是再三考虑疫情导致成本上涨和客源减少后才做出的。他们常穿连帽衫配运动鞋，看上去明显比店里的师傅们年轻。

长年在新中国发型屋工作的余灿炎师傅六十多岁了。他说："我们挣的钱只勉强够老板垫成本的，像租金、用具用品之类，所以不涨价不行。"稍一停顿，他朝黄那边瞟了一眼，尴尬地笑了笑，"但还是特别便宜。"

余师傅身材瘦削，看天气冷热，他要么穿一件蓝色衬衫，袖子卷到肘上，要么穿一件银色的薄羽绒马甲。我第一次踏进新中国发型屋时，他正好空着，就给我剪了发。后来我就一直找他。

这里的账都很好算。每理一个，他自己挣一半，给老板一半，抵运营成本。小费全归自己，这让师傅们很高兴。

2017年，黄、蒋夫妻俩从上一任的三个主人手里买下了店面。其中两位前店主现在还在店里做师傅，一位的椅子在余师傅旁边，另一位在他对面。大概得益于这种流动的所有权结构，师傅们跟店主之间关系平等。店主更像是合作社的头头，而非一般企业老板。师傅们多知进退，有的准备冒更大风险挣更多钱，有的则打算退守更平静的生活，压力也小。

　　除了黄、蒋夫妇外，其实新中国发型屋还有第三位店主，此人很久前曾在对面的怡芳做师傅，现在同时也是在披露街、宰也街的交叉口的嘉丽发型屋的主人。嘉丽的店面——披露街19号——过去多年也曾是一家理发店，叫"中华发型屋"，现在搬到披露街7号去了。权属变动，人员互相流转，从来如此。

　　"有的人喜欢当老板，让别人给自己挣钱。有的则不。"余师傅说，"不能只有一种人。那不行的。"

　　在余师傅的人生观里，每个人一生中都有那么几次机会，关键时刻得把握住，才能成事。被问及想没想过自己当老板时，他怯怯地笑了下："我的机会可能都已经错过了。"

　　余师傅在广州长大，父亲和弟弟都做理发师傅。他们家住一栋二层骑楼（结合了中式拱廊和西式游廊的建筑），承重的外柱就矗在街边，在亚热带季风气候下，底下的空间刚好能在夏天遮阳挡雨。

　　他们的店开在一楼，一家人住二楼。生意规模很小，所以兄弟俩有一个来承继就够了。1990年代，余师傅把它让给了弟弟，自己则加入了求职大军。当时正逢国企下岗潮，很多国企竞争不过引进外资和技术的现代工厂，因此倒闭了。

　　"找工作很难的，新工厂不需要那么多工人。"余师傅说，

"我很多朋友原先的工作没了后，很久都没活干。有段时间大家都避开校友聚会，因为觉得自己境况不好，没面子。"

余师傅在当时广州最大软饮生产商之一的流水线上修设备，做了三年。不过他后来也没逃过失业，因为公司跟百事合作办厂，1993年裁掉了很多人。

余师傅的姐姐嫁到纽约后，全家人最终都从广州移民过来。26年前，余师傅到了纽约，在宰也街另一家理发店干了11年，然后跳槽来新中国发型屋工作至今。

余师傅在新中国发型屋的15年里，黄、蒋夫妻俩已经是第三任店主了。在2017年买下这里前，这对夫妇就已经在布鲁克林的唐人街理发。他们接手时，以为只要十个师傅每人每天进项100美元，那租金和其他成本都不是难事。

但他们没算到2020年初开始的新冠肺炎大流行。多个变种接续出现，生意至今还没能恢复到疫情前的水平。大多数师傅每天顾客寥寥。"计划没有变化快，"黄说，"每次生意稍有起色，就来一个新变种。现在我们能做的就是每天尽力。"

除了疫情，唐人街人口的老龄化对理发生意的打击也尤其严重。随着游客逐渐回归，餐馆、商店都能受益，但理发师傅就不行，他们的客源几乎完全是本地的华裔居民，大多数年纪大了，感染新冠肺炎的风险也更高，所以不太愿意出门。

"很多老人要住养老院了，里面有理发服务，也就不用来这儿了。"余师傅说。

"我也不想把情况形容得多衰朽凋敝，但很多老顾客只会越来越老，总有一天要去世。"黄说，"这生意全靠回头客，基本没有新客源的。2017年我们买下店之后的新顾客，我大概两只手就数得过来。"

"我的常客里本来有一些中国大陆、港台地区的留学生，但很多毕业后回家了，或者去别的城市工作，"黄接着说，"所以现在又回到原点。"

纽约像我这样的中国留学生增多，以及偶尔一些非华裔客人光顾，缓解了老年顾客减少的部分影响，但远远不够逆转趋势。

农历新年，循例要理发。于是在那之前的周末，我又去了新中国发型屋。那是个星期六，阳光明媚，但暖意尚未存蓄，就被一阵阵风吹散。

重大节日前的唐人街，活力扑面而来。摩比利街和坚尼街上，果蔬摊位扎堆，你来我往，人流不息。平时步行去理发店15分钟，现在好像半天都走不到。

上午11点，新中国发型屋里坐满了人。自它2020年6月重启营业后，我还没见过这种场面。几位顾客坐在门口耐心等待。在头发和镜子之间，师傅们前后打量，保证客人们以最完美的发型迎接新年。

每进来一位客人，黄就转头看一眼，几秒钟内就能认出，并告知对方，平时负责此人的师傅什么时候可以服务。

"大多数客人都光顾多年了，还有几十年的，"黄说，"我到这儿也就四年，但已经能认出多数老顾客。比如你，我一看见你，就知道你要找余师傅。"

新中国发型屋每位理发师与顾客的关系都久经时间的考验。一有新客人上门，几位师傅就会赶忙起身，用手势示意对方到自己的台位来。但来上几次后，关系固定了，别的师傅就会坐回去接着看书、看剧，不再起身。

我进门的时候，余师傅刚安顿一位菲律宾裔的老妇人坐下。他左手拿好梳子，右手在推子、剪子、打薄剪之间快速切换，脚步灵活，如同舞蹈。余师傅的英语不太好，所以两人交流都很简短。"这么短，行吗？"他看向镜子，请她确认。他这样停顿几次，彼此微笑数次，就这么理完了。

扶她起来后，他立刻进里面拿出她的外套。他展开衣服，女人慢慢抬胳膊穿上，他轻轻拍着她的背，小声道谢。

新中国发型屋服务讲究，想来好笑，也令人欣慰。尽管能看出设施缺乏维护，瓷砖都没贴正，水龙头也有坏的，但店里用两个临时挂衣架组成了寄存处，外套有序挂放。而且，从洗头到修剪胡须，服务周全。

趁着余师傅递给老板几美元的空当，我跟黄说，店里这么忙挺好的。他笑了笑，俯下身把一个快要散架的插线板粘牢。"过年肯定是我们最忙的时候，"他说，"但以前快过年的时候，我们一天就能挣一千多美元，现在一半也到不了。房东要是不打算继续房租减免的话，我就只能关张了。"

几天前，黄刚接到通知，租金可能要涨。新中国发型屋不会是第一家因为租金问题关门的理发店。就在疫情爆发前，街对面的上海美发厅关张，因为那栋楼倒了手，新房东不想再以同样的价格出租。

在它旁边，宰也街19号的新香港男女理发店也遭遇了相似的命运。据怡芳的一位师傅讲，原址可能计划会开一家咖啡店。

唐人街的理发店里，不光是客人们在老去。余师傅和他的多数同事都已经到了做祖父母的年纪，退休对于他们中的大多数来说，只是时间问题。

这里的社区有着几十年历史和共同语言——粤语。说普通话的新人是极难拉到多大客源的。反过来，新来纽约的师傅如果去以普通话为主、亚洲发型时尚传得快的皇后区法拉盛，找顾客就会容易得多。

"我刚来的时候，这里欣欣向荣。理发店，餐馆，杂货商，哪里生意都好。唐人街里各种店都更集中，人们大老远过来，什么需求都能满足。"余师傅追忆着曼哈顿唐人街的黄金岁月。

曼哈顿唐人街在纽约华人生活圈的中心地位，早就开始衰落了。分支出去的皇后区和布鲁克林区的唐人街的华人数量现已远远更多。纽约市的五个区共有197个街区，在2020年的人口调查中，只有曼哈顿唐人街的三个主要街区，亚裔人口减少了超过5%。

"布鲁克林第八大道和法拉盛的理发师、发型师数量明显比我们这里多，因为我们人口就比不过。"华埠共同发展机构的执行总监陈作舟说。这家非营利组织致力于通过清理街道、开设信息台等服务，提升唐人街的经济潜力。

"2009年搬到纽约后，我就没在曼哈顿唐人街住过。这里工作是方便，但房租高，居住条件也不行。"新中国发型屋店主的蒋凤敏说。

"9·11是曼哈顿唐人街的一个转折点。"在纽约市立大学研究生中心做移民融入研究的学者万·德兰（Van Tran）说。他关注城市社会学和移民议题。"巴特里公园及其周边的街区复苏之后，唐人街便真的开始了第一波'中产阶级化'（gentrification）。"（注：巴特里公园与唐人街都离世贸中心不远）

照德兰的说法，9·11之后，纽约市为了提振经济，出台强势政策，面向全球精英和投资开放，但代价则落在了工薪阶层街区上。他认为理发店如今的凋敝很大程度上"不可避免"，我们不过是在见证几十年来街区变迁的后果。

"我们曾经熟悉的唐人街会消亡。事实就是这样。不过同时，我觉得很多人并没有意识到，纽约市的街区都有个特点：唯一不变的就是变化。"德兰补充道。

并非所有人都认为中产阶层化是这里社区面对的主要挑战。新建住房少，维护基础设施的资源不足，同样也在令曼哈顿唐人街变得越来越不吸引人。

"人们在这儿什么都不敢干，"华埠共同发展机构的陈作舟说，"在唐人街传统意义上的核心地带，已经50年没盖过住房了。"

"没有人到美国是来住廉租公寓的。这里很多楼没电梯，没消防通道。家得宝（家居公司）不给往顶楼搬货，所以各种家具、用品要靠自己往上运。人们会用脚投票，所以爱尔兰裔、犹太人、意大利裔如今都走了。"陈作舟补充说。

　　他认为政府在增加唐人街住房供给、改善基础设施方面可以有更大的作为。唐人街多数大规模的住房项目都至少有一部分政府投资，比如孔子广场公寓，就有70年代"米歇尔–拉玛"住房项目的帮助。

　　至于基础设施老化，政府补贴可以帮助房东分担一些煤气管道、锅炉、窗户修缮的成本，这样他们就不用单纯依靠一楼商业租户的租金——二楼往上的住房经常受租金管制或租金稳定政策制约，要涨一楼商用房的租金相对更容易一点。

　　尽管人们还说不清楚到底是哪些力量在改变曼哈顿唐人街的样貌，但理发师傅们看起来愿意向未知的未来腾出自己的位置。"中产阶级化"一词至今没有朗朗上口的中文译法，可能是因为在中国，政府执着于经济发展，类似的争论比较边缘化。我向余师傅描述老店的消亡，以及新的非华裔店铺取而代之时，余师傅看起来很冷静，基本认为正常发展就该如此。

　　"我们自己的年轻人也在流失。"余师傅说。每当话题转到年轻一代身上，他就忍不住提起自己的甥孙在一家做弹性工作空间的房地产公司当软件工程师。

　　"他今年光年终奖就有五位数。"他笑着说。我能听出笑声中的骄傲，但同时也带有一丝伤感，可能是他错过了自己的人生机遇的缘故。

那天我要离开的时候，正好一个中年男人进来。他似乎没来过，也就是说，谁都可以争取他。坐在余师傅旁边的理发师不等嘴里的饭下咽，就连忙示意他到自己的椅子这里来。

作者简介：

熊阳是一名独立记者，曾从事管理咨询，现居纽约。他关注移民、食品行业，以及这两个话题的交叉地带。他毕业于哥伦比亚大学新闻学院，并因对纽约市的报道获得了2022年度的路易斯·温尼克奖（Louis Winnick Prize）。

作者

王添儒

翻译：吴筱慧

（本文获第六声英文非虚构写作大赛优胜奖）

移民之家

当我的父母决定搬到洛杉矶时，我才六岁。当时，我还没有完全意识到，这变化会是如此剧烈且持久。在新环境中，我逐渐断了与以前的老师、同学，甚至最好的朋友的联系。我的生活与中国亲戚的生活越来越不同，打电话的时间间隔也越来越长，我不禁怀疑有一天自己也会失去他们。

2019年，疫情爆发的前一年，那时它还没有席卷全球，国际旅行还不是奢望，我因为参加一个中文游学项目第一次回到了中国。原本我害怕自己和亲戚之间会产生巨大的裂痕，但这次旅行缓解了这种恐惧。我终于面对面见到了7岁的表妹，和她一起画画。我和叔叔阿姨们一起吃了热气腾腾的番茄鸡蛋馅饺子，讨论了当前的就业市场和全球经济形势。我和爷爷奶奶一起看了电视，他们看起来就和十五年前一样，做了一样的菜，对我只有一如既往的耐心和慈爱，仿佛在这段岁月里什么都没有改变。

但事实显而易见：很多事情都变了。我还幻想着自己的还乡之旅的圆满，直到我用错了一个动词，或者想不起来某个准确的名词——更不用说谚语了。每当当地人对我抱以温暖的微笑，我就觉得自己的表现简直就是教科书式的"指鹿为马"。

在意识到我与他们之间存在差异时，我越发强烈地感觉到自己只有戴着面具才能融入其中。我在老家济南坐出租车去火车站时，出租车司机问我为什么这么着急——"又不用排队买票，给他们看你的身份证就行了。"我告诉他我没有身份证。"哦，"他停顿了一下，"你看起来完全就是中国人。"

我从大学生、商店小贩甚至一些远房亲戚那里都听到过类似的话。我人生的大部分时间都在美国度过，但我从小就对自己的华人身份、文化传承充满信心。我出生在中国，在我能用英语拼出"狗"这个词之前，我就能背唐诗了。我作为华人的身份无可争辩，这让我感到自由且舒畅。

因此，我觉得自己没必要承受我的同龄人们所面对的关于亚洲人单一的刻板印象。我主修英语和社会学，自由探索着人文学科。但是，当我移民后第一次回到中国时，我发现关于我身份的种种定义实际上脆弱不堪，这让我深受震撼。

对于在北京遇到的人而言，我曾经是中国人，但现在已经不再是了。起初，他们以为我是中国人，直到我开口说话，或者搞混了汉字（一个难忘的例子是，我花了十分钟在火车站问工作人员我的"火鸡"在哪里，其实是搞混了"火车"和"飞机"这两个词）。等到我在中国的游学项目结束时，只要不拿出护照，就能成功装作是中国人了。

护照封面清楚地证明了我是美国人，但如果不是华人，我在文化意义上又是什么？没有人能给我一个满意的答案。对美国人来说，我是华人。而对于我遇到的一些中国人来说，我却是个异类。一位同学从众所周知的"ABC"（American-born Chinese，出生于美国的华裔）一词中汲取灵感，试着为我创造出一个朗朗上口的标签："CBC"——Chinese-born Chinese，出生于中国的华裔。

这词听起来也不是很合适。对那些对多元文化怀有温情的移民来说，要生存于不同空间的边缘，要一直在边界线上生活，调和熟悉、已知的事物和陌生、不同的事物，是没有所谓"正确"

的方式的。很多时候，事情就是没有明确的解决方案。这就是问题所在。

有那么一段时间，我对父母多年前移民的决定心怀愤恨。我想，如果我留在了中国，就可以避开这些难题，避开那些接连不断的"自己可能做错了什么"的想法。移民的故事中经常会谈论父母所做出的牺牲。相反，我更在意自己如何失去了我所知道的一切——对一种语言的理解深入我的骨髓，但到了舌尖却灰飞烟灭，我失去了归属感，失去了对自己身份的根本确信。我牺牲了这些，换来的奖赏只是令我无处可逃的作为"他者"的感觉。

我不知道如何处理这不情愿的奖赏。后来，经过更多的反思，我意识到我的父母和他们的父母也都不得不和相似的传承问题作斗争。在过去的三代人中，我的许多亲人都因生存问题，凭借聪明才智，从到处都是熟人的农村搬迁到了完全只能自力更生的大城市。

我的爷爷奶奶从他们的祖祖辈辈生活的农村老家搬到了更高端的市中心。为了养活孩子，我的奶奶学了摄影，骑自行车穿行在城里为人拍照；而我的爷爷则从事采矿和地质工作，在遥远的山区进行实地考察。

我的父母干脆前往另一个国家，他们延续了这种迁徙模式。

一路走来，他们失去了朋友，获得了学位；放弃了旧习惯，开始了新的生活方式。他们也学会了新技能——我父亲的工作是对老鼠进行基因修饰——同时他们还摸索着用并不熟练的语言与同事进行尴尬的互动。

作为外来者的不适感已然在我的家族历史中根深蒂固，但我们也坚持守护并充实那些连接着我们的纽带。尽管生活在截然不同的环境中，我的家庭成员们仍然能够找到相互间的共同点——考虑到我们日常的共同经历其实极少，这是一项相当了不起的成就。

比方说，我从阿拉斯加打电话给奶奶，告诉她我吃了鲸鱼肉。我当时正在各州旅行，碰巧参加的一个仪式中有位参与者带来了muktuk（食用鲸鱼皮）。几天后我病倒了。奶奶对世界上每一种疾病都有一种家庭秘方，她打电话来说，她怀疑罪魁祸首就是我吃过的鲸鱼。显然，她觉得吃鱼会引发炎症。

但是，"鲸鱼不是哺乳动物吗?"

随后，我的感冒好了。我能理解她的逻辑。她对鲸鱼知之甚少，而且它的名字中有"鱼"，奶奶认为它就是一种鱼。可是，她的错误建议仍然温暖了我的心。尽管我最后一次见到她已经差不多是两年前，但奶奶依然非常关心我，主动向我分享她在此方面有限的知识。

　　和这个时代的许多其他人一样，我的家庭并没有遵循那种必须要四世同堂的儒家理想。我们的家人分布在各个城市——北京、上海、济南、唐山——以及不同大洲。六千英里，一片大洋，半天的航程，分隔开了我和我在中国的亲人。可是，我们只需要几秒就能在微信上打个视频电话。所以理论上来说，我们在任何地方都能拥有一个虚拟的四世同堂。

　　在我出生之前，我所处的这个多代移民之家就一直在努力打造这个虚拟的"堂"。对于我的亲戚们来说，距离和时差都是可以克服的。他们意识到，只要积极努力去维护我们的家庭关系，分开的时间就未必会削弱亲情的力量。比同住在一所房子里更重要的，是保持联系的决心和意愿——无论身在何处，我们都可以为交流创造共同的空间。

　　作为移民，我经常会感到生活充满挑战。有时，不同的文化价值观会无法调和。有时，对无条件的归属感的渴望几乎变得不可阻挡。在那些日子里，我就特别感谢我的家人。我有幸属于这样一个家庭，维系着它的不是强加的社会结构，而是自然而然从情感中迸发的相互理解、同理心、包容和爱。

作者简介：

王添儒出生于山东济南，在洛杉矶长大。在耶鲁大学学习英语和社会学之后，她在阿拉斯加从事经济发展工作，为该州的创业者和艺术家提供支持。业余时间，她喜欢摄影和编织。2022年秋季，她就读于法学院。

作者

刘文

告别戚墅堰：出国后，才发现我从未读懂过故乡

　　小学同学里有人在市场卖菜，外婆去买菜的时候，他们会招呼她"刘文的外婆"，然后把她拉到一旁，和她说哪个菜新鲜，然后再塞一点让她尝尝。

　　还有一位小学同学在小区附近的汽车4S店修车，母亲去的时候，他总会甜甜地喊她"阿姨"，再礼貌地招呼她坐下。

　　我小学毕业已经整整二十年了，母亲告诉我那些同学的名字时，我左思右想，都没有办法回忆起他们的脸庞，看小学毕业的照片，大家都穿着藏青色的校服，灰扑扑的，我差点找不出来自己在哪里。

　　小学毕业后，我先是去了市中心读中

学，继而去了香港念本科，最后去美国读硕士并且定居了下来。人生仿佛坐上了一辆高速列车，我没有真的为哪个人哪件事而停下自己前行的脚步。

可是在我老家戚墅堰，时间却像静止了一般。这里没有大型超市，而是保留了热热闹闹的菜市场，从早晨四五点开始，就有郊区的菜农陆陆续续地前来，他们开着小型货车，装着自己家地里种的蔬菜水果，亲手喂大的几只母鸡，和去池塘里捉来的鱼虾。

在几乎所有东西刷手机就能买到的当下，这里的许多人还用着现金，买着路边老爷爷烤出来的喷香软糯的红薯，手推车里皮薄又脆的烤鸭，早点摊上氤氲着热气的小笼包子，和深夜小店里飘着辣油还加了鸭肠的粉丝汤。家门口的网吧已经开了十几二十年，招牌的字都生锈了，有一个还缺了几划，但依然有中学生下了晚自习就骑着自行车去里面通宵"开黑"。在所有信息都能从网上获取的现在，依然有好几家书报亭，人们踩着单车去上班的途中，脚一点地，拿上一份报纸就走，到了有空的时候，把几天的账一起结了。

这里就连流行的食物也没什么变化。现时时髦的喜茶、一点点、茶颜悦色这些茶饮店雨后春笋一般冒出来，这里的小店还在卖十几年前流行的那种用奶粉和香精冲出来的奶茶。

这里至今也没有星巴克、肯德基和麦当劳。在学校门口零星开过几家小店卖汉堡和披萨，还有充满异域风味的榴莲蛋糕。但这些店很快被馄饨铺、包子铺、卖桃酥的中式糕点铺给取代。人们不想做饭的时候，更愿意去吃一碗用猪油炒出来的又咸又鲜的菜饭，有锅巴那种。或者吃一碗什么浇头都不加的葱油拌面，拌上好多酱油。要改善伙食的时候，会去吃本地特产的横山桥百叶，柔嫩鲜美，味道轻盈爽口，可以和排骨、老鸭一起煲汤，也可以和蘑菇、春笋一起炒菜。

戚墅堰是个很奇妙的地方。这里地方很小，离市中心也颇有些距离，算是自成一体。在小轿车没普及，快速公交和高架桥也没造好的时候，人们想去市里面，不得不坐一个小时的7路汽车，所以大多数人的活动空间都局限在家门口的一亩三分地，连去运河另一边的游泳馆游泳，都是一场兴师动众的家庭出游。

这里的人们互相之间的联系也很紧密，几乎所有人都与戚墅堰机车车辆厂和戚墅堰机车车辆工艺研究所有关，他们或者在工厂里工作，或者在工厂配套的小学、医院、电影院、食堂、疗养院、超市、澡堂里工作，人们互相之间不光认识，而且知根知底。谁家被单位分配了房子，谁和谁在谈朋友，谁和谁结了婚，谁家小孩叫什么名字，连小孩考了什么初中、高中，都是人尽皆知的。

童年的我对于这种程度的熟悉总是又恨又爱。好处来自于没有带钥匙父母又不在家的时候，总有邻居叔叔阿姨看到，把我迎到家里面坐下，给我倒上水，切好水果，然后一个电话打去我父母的办公室，让他们回家给我开门。刘婆婆家里总是有儿子出差买回来的高级巧克力，我有时候偷偷盼望外婆不在家，这样我就能去刘婆婆家里了。

坏处则是这里几乎没有秘密。那些叔叔阿姨公公婆婆知道我每一次考试的分数，还有钢琴考过了几级。如果考砸，在家里挨骂之后，出门散步，又会被一群人围着说："你要好好学习，才能对得起你妈妈和你外婆对你的培养。"任何有一点儿出格的行为——比如在河里捞蝌蚪的时候摔了一跤，或者双手脱把骑自行车的时候差点撞到树——都会被发现，然后被告状到父母面前。在小学班里，老师认识所有人的家长，一旦考砸，自己没看到卷子的时候，家长已经接到了通报电话。有个男生的父亲的工作地点离学校很近。有时候，上午考完试，中午他爸已经接到他考砸的报告，风风火火冲进来，一个巴掌冲他脸上扇去。有一次，他鼻子被打出了血，周围女生全吓得尖叫起来。

　　我享受过戚墅堰的方便。这里流行的是熟人经济，经济学课本上解释这是一种经由熟人之间的关系进行的经济模式和消费模式。运用到现实生活里，就是母亲在要去银行存款前，先打电话给她在银行工作的高中同学，说明要办理的业务，约好时间，去了之后很快就能办成。医院的小儿科大夫是同班同学的父亲，我生了急病，一个电话打过去，医生就从被窝里爬出来替我看病。所有人之间都有一种靠知根知底而维持着的信任。有人因为家里老人生病，需要借点钱周转，人们也都慷慨解囊，从没有听说有人卷款逃走，或者欠钱不还。

　　长辈们给刚来厂里工作的小年轻介绍对象时，可以把对方祖上三代人的籍贯、职业、收入都娓娓道来。工厂区里离婚的人特别少，倒不是说大家都是特别幸福美满、意气相投的夫妻，而是有了周围邻居强大的情报搜索能力的加持，结婚之后才发现对方有什么陋习或者欠了什么债务的情况几乎从未出现。

　　工厂附近摆摊的人也都和大家混了个眼熟。赊账是很普遍的。晚饭后一家人一起散步时，看到水果摊上有了新鲜的西瓜，冷饮店里刚运来几盒赤豆棒冰，一摸口袋没带钱，老板恨不得把东西塞在我们怀里："西瓜甜，先吃着，等你下次有空再来付钱，拿着拿着，不急不急。"

放了学之后，我在报刊亭上看小说，看得入迷，老板就挥挥手，让我拿回家，说待会我妈来买报纸的时候，让她顺便把我这本书的钱也付了。

"我就跟她说这本书其他学生都在买的，说看了对学习好。"老板冲我眨眨眼，让我快走，想了一想，又从货架上抓了一包无花果干塞在我手里，说这个零食卖得特别好，让我也尝尝。

托老板的福，我看了各种各样的武侠小说、玄幻小说，而当时很流行的使用很多颜文字和火星文的韩式校园小说也没有落下。有的时候，出版社送过来样书，他会先让我拿回家看完，我告诉他好看之后，他再去大批量进货，卖给其他同学。

但是随着年龄的增长，邻里之间过于熟悉而带来的个人隐私边界的模糊让我越来越不安和别扭。我第一次体会到这种别扭是十岁那年的夏天。临近钢琴考级，我还是没有把曲子背下来，因此被母亲狠狠地揍了一顿。手臂上被竹制的痒痒挠打出了一道道红痕，像马路上的斑马线。出门时，邻居家的阿姨故意走过来问我，昨天晚上哭那么响是不是挨打了。我摇摇头不肯说话。她又指着我的胳膊问这是不是被我妈打的。我还是不说话，努力把步子迈得飞快。

"你这小孩，见到长辈怎么这么没礼貌！"她有些气急地说道。

我怕她再去向母亲告状，又不愿意承认自己挨打，过了好一阵才憋出来一句，"被蚊子咬的。"

我至今仍然记得她穿着白色的连衣裙，站在树荫下，抱着双臂，一脸等着看笑话的表情，和她听到我的回答之后，嗤的一声笑出来时候的不屑。

我小时候那会儿，"打是亲骂是爱"是家长们的口头禅。我在家里也常常听到邻居孩子们被家长揍的声音。我听到他们哭得上气不接下气地喊"我下次再也不敢了"，也听到响亮的耳光啪啪地落下，以及家长气急败坏地吼"你怎么还不认错，我让你再犟"。

人们似乎从不介意在孩子面前说出贬低甚至有些恶毒的话语。我因为使用激素治疗哮喘加上青春期而发胖长痘的那段时间，许多邻居都当着我的面告诉我妈妈少给我吃点，因为我太胖了。还有人当着我的面学我有些内八字的走路姿态，让我妈妈帮我纠正。

孩子有没有出息是新村人们社交时一个长盛不衰的话题。这是因为有很长一段时间，在厂里工作的人的生活几乎都是一模一样的。

住同一个新村，房子的面积和结构也几乎一样；早中晚三顿饭都是在食堂吃，想吃点好的，也不过是去疗养院或者招待所点几个菜，或者买几样熟食；春天的粽子，夏天的冰棍，秋天的月饼，冬天的年货都是工厂里发的，冰棍更是工厂冷饮店自己的品牌。

穿的衣服都是厂里发的工作服，交通工具一律都是自行车，看电影就是工厂电影院里放的那几部，体育运动就是在工厂体育馆里打羽毛球和乒乓球。

人们在物质上的差别很小，所以一个个都在自己孩子身上较劲。我们出生在工房区的孩子，似乎从刚出生就被放在一起比较。小的时候，比谁先学会说话，学会走路，学会认字，之后比谁成绩好，英语好，写作好，谁的毛笔字写得更漂亮，谁的钢琴考出的级别更高。母亲朋友的女儿超超很擅长钢琴，再难的曲子到了她手下都显得毫不费力，她也自然是我母亲嘴里的"别人家的小孩"。我在很长一段人生岁月里都把她当成假想敌，把她当成是我并不幸福的童年和颇有些糟糕的母女关系的罪魁祸首。但我快三十岁的时候才知道，在超超母亲的嘴里，我也是那个"别人家的小孩"。

夏天最热的那几天，每家每户都把凉席或者板凳搬到新村门口的空地上，摇着蒲扇吃着西瓜乘凉。新村里出来的最优秀的几个小孩，总会成为大家不约而同讨论的话题。我记得有个男生，是工厂所办的高中里有史以来第一位考上清华的，他的爸爸很是风光了一阵，无论走到哪里，都有人跟在他后面问育儿经，一边问一边拿笔记下来。

当我离开新村去香港工作和生活，每次回家过节，便愈发不适应这种过分亲密的人际交往。我在大学和工作的头几年一直单身，而每次遇到邻居的三姑六婆，她们都会拍着我的肩膀，说我长成大姑娘了，又让我快点嫁人。她们说起某某某的孩子，嫁给了有钱的老公，住进了黄浦江边的高级公寓，又给娘家人买了高档轿车。转而又扭头，对我母亲说："让你刘文也嫁个家里有钱的，可以少奋斗几年。"

也有人向我母亲炫耀她孩子给她买的奢侈品衣服，也有人炫耀她的孩子每天晚上都给她打电话，而这些炫耀的结果，便是我和母亲之间的一场又一场争执。

我二十五岁那年，跟着母亲去银行存款，而她在银行工作的朋友拉着我的手，苦口婆心地说，女孩子学习好事业好都不如嫁得好，又说她的女儿在嫁了人之后，才体会到了什么是真正的快乐。母亲当时脸色已经不好，回家之后更是哭了很久。我那段时间谈了几段很是糟糕的恋爱，而且发话说宁可单身一辈子。她是觉得我可能一辈子都不会嫁人了，也一辈子都不会体会到这种真正的快乐。

二十六岁那年，已经成了众人口中"大龄未婚女青年"的我几乎是逃一般地离开了戚墅堰。在美国定居后，我搬过六七次家，几乎从来都不知道我的邻居是谁，也从未真正地去融入我所在的公寓、新村或者社区。即使在我找工作的时候，也没有人问我的身高体重，已婚未婚，是否有小孩，甚至都不需要我附上照片。再亲密的朋友，也不会询问赚多少钱，有没有打算结婚，什么时候要小孩这些敏感问题。偶尔在小区的健身房或者打印室遇到邻居，人们都只谈论天气、橄榄球比赛这样无关痛痒的话题。大家都很小心地遵守人际交往之间的那根界线，绝对不会对别人的私人生活指手画脚。

但是母亲却对这种充满了疏离和客套的人际关系嗤之以鼻，她早就说了，哪怕我请她去美国住着，她也不愿意去住。她已经退休，曾经的同事和邻居有些也搬离了戚墅堰，去和子女们一起居住，帮他们带孩子。但是她很快在老年大学的同学里建立起了新的社交圈。她们一起上课、一起聚餐、一起去郊游、一起不上课的日子里，还要打电话发微信，讨论作业。找到了志同道合的朋友的母亲松弛了很多，仿佛这么多年来，为了让我成材而绷紧着的弦一下子松了下来。她和这些同学一起弹琴、练毛笔字、养花、做菜、练习走时装模特台步，不亦乐乎。

她有时候会因为同学之间互相的攀比而受到伤害，忍不住来抱怨。最近的抱怨则是因为人家把美国讲得一无是处，仿佛在美国的人都过得水深火热一般。"你知道我不在乎他们的看法的，我只是和你说说玩玩的。"母亲这样对我说，但还是会因为别人的一句话而不开心。

我逐渐意识到我再也无法在戚墅堰居住，因为我无法再把自己完全打开，展露在各种各样的陌生人面前。但美国疫情最严重的那段时间，我所在的社区竟然也像戚墅堰工房区那样，突然开始建立起非常紧密的联系。

最开始的那段时间，有单亲妈妈因为不够钱买奶粉和尿布而求助，也有无法出门的老人求人帮忙从超市带回一些日用品，有刚刚下岗的人找熟悉政府机构运作的人帮忙填写福利申请表，好心人很快就满足了这些人的需求。

我短暂地有过成就感，也因为在异国他乡和陌生人产生了奇妙的联系而欣喜。我甚至想到了在戚墅堰的那段时间，冷到不想走去澡堂的日子，就去有太阳能热水器的阿姨家洗澡；搬来了新的邻居，总会送上一些自己做的饺子包子作为心意。

但是很快，人与人之间的边界也被打破。有人开始抱怨，住在几幢最昂贵的别墅里面的人从来不参加社区里筹集免费食物的活动，呼吁大家写联名信放到这些人家门口。有人看到发帖子说没有钱买尿布的人在街角一家有些贵的意大利餐厅吃饭，开始声讨他们是不是真的没钱。有人在二手网站上发现了自己捐给邻居的旧沙发和旧茶几，有人则写了长篇大论诉苦，请别人打电话来陪自己聊天。我看到渐渐出现的争执，很快退了群，又缩回到自己的小屋子里，不再与邻居产生过多的交集。

与此同时，我还在戚墅堰的父母和外婆都在那样热热闹闹、亲密无间的社区里混得如鱼得水。我九十多岁的外婆从退休开始，就天天去专供退休职工休闲用的"退管会"看报纸，打麻将。原本和她打麻将的都是她的同龄人，后来是比她小十来岁的人，现在有人比她小了二十多岁。她依然头脑清楚，行动爽利，说话条理分明。在家里的时候，她就一边磕着巴西松子，一边看电视里《同一首歌》这样热热闹闹的歌舞节目。

母亲在老年大学学会了很多技能，她既弹琴又跳舞，侍弄花草之余又钻研书法。她每年都去旅游几次，爬山下海，在希腊的爱琴海上坐帆船，比年轻人还有冒险精神。

父亲最近正准备退休，同事给参与研发了二十多个专利的他开了欢送会，许多他亲手带出来的徒弟都特意赶回来看他，给他送花、切蛋糕。

年少的我急于下判断，急于逃离，急于切割自己和家庭与故乡的牵绊，急于前往一个自由又浪漫的远方。为了证明自己不属于戚墅堰，我甚至很抗拒学习和说家乡的方言，以致我现在唯一能流利讲的方言，反而是在香港几年里学的粤语。

到最近这几年，我才明白，我与我的家人，也并没有那么深的隔阂，而我的故土和我的家人，永远都会在那里。

作者简介：

刘文是调查记者，之前从事金融行业，香港中文大学商科学士，南加州大学理科硕士，现居美国。曾获得香港青年文学奖冠军，入围亚洲出版协会的年度卓越新闻奖。已出版五本书及一本翻译作品。

后　记

书写中国故事能在全球拥有如此的吸引力，是我们始料未及的。

尤其是用英文书写。2016年，中国英文新媒体第六声（Sixth Tone）创立，以中国社会小人物的故事为切口，凭借人性化的叙事风格在全球新闻业界引来了广泛关注。创立五周年之际（2021年），第六声举办了首届以"世代"为主题的英文非虚构写作大赛，其国际影响力更上一层楼，一切似乎水到渠成，但心中不免忐忑。

不过，作为一家以品质风格叙事为特色的媒体，寻找新一代写作者和创新的表达方式，为他们展示才华提供国际化的平台，本就是我们长期的使命与坚定的担当。而打捞宏大时代潮流下被我们忽略的中国社会和华人群体的真实故事，拓宽我们理解中国与世界万千联结的更多向度，亦是第六声走向成熟的必然路径。

"眼下要写好中国故事并不容易。鼓励和支持至关重要。"本届大赛评委之一、美国《纽约客》知名记者彼得·海斯勒（Peter Hessler）也坦言，"第六声做了件了不起的工作。"

全球22个国家写作者的热情参与，着实给予第六声巨大的鼓舞，在日常工作之余额外参与筹备任务的团队小伙伴们也因此获得了极大信心。总计约450篇投稿的作者中，既有来自国内外知名学府的老师与同学，也有从大山里走出、自学英文的励志青年，故事虽各有不同，但笔下的情感却同样真挚饱满。甚至遥远的非洲岛国马达加斯加的媒体记者，也"漂洋过海"地向我们讲述当地华人社区的变迁。

"很多文章不追求强烈的戏剧性。他们以非常冷静和写实的方式讲述故事。但他们抓住了那些细腻之处，那些内在的冲突，以及那些非常微妙、真实和深沉的情感。"另一位评委、人类学家项飙总体评价道。

本书精选了其中14篇优秀作品的中文版，主题涵盖了历史潮流下的个体命运、对家庭传承的复杂情感、国际交流中的碰撞和收获等。它们或故事情节扣人心弦，或谋篇布局复杂精巧。

我们深知，要媲美非虚构写作领域的国际水准，此番实践在诸多方面仍有待提高。但让人自豪的是，团队内部中外籍记者、编辑，他们拥有一丝不苟的专业精神和脚踏实地的做事风格，加之八位重量级终审评委的鼎立加盟，为本届赛事的品质保驾护航。

八位来自国内外的专家分别是：美国《纽约客》记者彼得·海斯勒（Peter Hessler）、人类学家项飙、纪录片导演周轶君、美国哥伦比亚大学教授傅好文（Howard W. French）、英国美食作家扶霞·邓洛普（Fuchsia Dunlop）、《单读》主编吴琦、双语小说及非虚构作家钱佳楠、荷兰莱顿大学学者施云涵（Tabitha Speelman）。

这是文学作品的感召和年轻一代的鼓舞相互交织的成果。让人不由得想起英国日裔作家石黑一雄在当年拿下诺贝尔文学奖后的一番肺腑之言："我们必须拓展我们一般意义上的文学界，囊括更多的声音，第一世界文化精英的舒适区以外的声音……在一个危险的、日益分裂的时代，我们必须倾听。好的创作与好的阅读可以打破壁垒。"

第六声总编辑 吴挺

2023年8月24日

第六声非虚构写作大赛工作团队

吴 挺　　薛雍乐　　陆 华　　蔡依纹

傅小凡　　Kilian O'Donnell　　谢安然

薛 霓　　季国亮　　黄 芳　　林子尧

吴筱慧　　林柳逸 等